O Viajante e sua Sombra

Título original: *Der Wanderer und sein Schatten*

ISBN: 978-65-86096-88-0

Direção Editorial *Ethel Santaella*
Tradução *Antonio Carlos Braga e Ciro Mioranza*
Revisão *Nazaré Baracho*
Diagramação *Demetrios Cardozo*
Imagem de Capa *Juhasz Sz / Shutterstock.com*

Dados Internacionais de Catalogação na Publicação (CIP)
(Câmara Brasileira do Livro, SP, Brasil)

Nietzsche, Friedrich Wilhelm, 1844-1900
O viajante e sua sombra / Nietzsche ; tradução Antonio Carlos Braga, Ciro Mioranza. -- São Paulo : Lafonte, 2020.

Título original: Der Wanderer und sein Schatten
ISBN 978-65-86096-88-0

1. Filosofia alemã I. Título.

20-39723 CDD-193

Índices para catálogo sistemático:

1. Filosofia alemã 193

Maria Alice Ferreira - Bibliotecária - CRB-8/7964

Editora Lafonte

Av. Profª Ida Kolb, 551, Casa Verde, CEP 02518-000,
São Paulo-SP, Brasil - Tel.: (+55) 11 3855-2100,
Atendimento ao leitor (+55) 11 3855- 2216 / 11 – 3855 - 2213 – *atendimento@editoralafonte.com.br*
Venda de livros avulsos (+55) 11 3855 - 2216 – *vendas@editoralafonte.com.br*
Venda de livros no atacado (+55) 11 3855 - 2275 – *atacado@escala.com.br*

Nietzsche

O Viajante e sua Sombra

Tradução
Antonio Carlos Braga e
Ciro Mioranza

Lafonte

Brasil – 2020

Apresentação

Um viajante – poeta, filósofo, observador – segue as trilhas do mundo interior e exterior, monitorado por uma sombra – poetisa, filósofa, observadora – sombra que é dele, sem o ser, que personifica a luz, sem o ser, que se desfaz nas penumbras para descansar e refletir. Ora o viajante a segue, ora é ela que o acompanha. Sempre que haja luz. E sol para aquecê-los. E vento e neve para uni-los. E uma árvore para abrigá-los. Chuva, não. Porque a chuva dissolve, encharca as ideias, afoga os pensamentos, dissipa o diálogo, leva a filosofia na correnteza das enxurradas. Esse é Nietzsche que, poeta e filósofo, abraçado com sua sombra inspiradora, empreende uma viagem pelo mundo interior do homem, captando suas angústias e suas alegrias, suas verdades e seus paradoxos, suas inclinações e seus contrassensos, projetando-os como riquezas e pobrezas individuais subsistentes no mundo exterior, no corpo social, na sociedade como expressão política e religiosa, como soma de todas as conquistas e derrotas, de todos os acertos e erros do homem. A sombra ora está, ora prefere se esconder. Não compartilha de todas as ações do homem. Especialmente das infidelidades, das tramas e trapaças perpetradas na calada da noite. No escuro. A sombra não compactua com a escuridão.

A primeira etapa da viagem segue um curso histórico, iniciando num ponto qualquer do mundo antigo, chegando ao Egito, à Grécia, a Roma, continuando pela Idade Média ocidental – o Oriente teve

Idade Média? – e desembarcando num ponto indefinido da Europa moderna. Guia dos viajantes: a moral, a moralidade, com seu séquito de defensores, mas apostrofada durante o percurso por não poucos inimigos que a acusam de radical, aterradora, supersticiosa, inconsequente, insossa, incongruente, falsa, em resumo, imoral.

A segunda etapa é mais um passeio que uma viagem. Pela Europa. No universo artístico da literatura e da música. Nietzsche é o próprio guia e discute com a sombra sobre os literatos europeus, divinizando os franceses e demonizando os alemães, salvo raras exceções. A sombra se contenta em ouvir, calada. Ao visitar os músicos e compositores, porém, ela se adianta, não permanece ao lado, mas toma a frente do viajante. Este, embalado pelas melodias e sinfonias, exalta a alma sensível e translúcida desses artistas dos acordes e os elogia a todos, apontando pequenos deslizes de afinação aqui e acolá.

A terceira etapa se resume numa breve incursão no mundo da moda. Que relação pode haver entre a filosofia e a moda? Nietzsche explica. Sem impropérios, sem ironias e sem muito conhecimento de causa. Ou preferiu não entrar em pormenores.

A quarta, sempre na Europa, leva o viajante e sua sombra ao despertar da industrialização, contrapondo o homem à máquina, a produção tradicional às novas formas de produzir, às novas relações comerciais, à nova política econômica e suas consequências na política social. A nova sociedade se impõe com instrumentos de perfil revolucionário e democrático. O homem sente que tem novos horizontes diante de si, mas se divide, no âmbito político e religioso, pelas novas perspectivas que se abrem para o futuro, com suas interrogações, perplexidades e seus paradoxos.

A última etapa não tem ponto de partida. É uma viagem ao interior do ser humano, caminhando entre seus humores e dissabores, suas tristezas e alegrias, suas ansiedades e seus anseios, seu céu e seu inferno, seu tudo e seu nada, sua vida e sua morte. Até chegar ao ponto final, a morte. A sombra vai embora. Desaparece. Inexiste.

Ciro Mioranza

Prefácio

A sombra – Faz tanto tempo que não te ouço falar; assim, gostaria de ter dar oportunidade.

O viajante – Pois, é de falar – onde? e quem? Parece-me quase que me ouço falar a mim mesmo, somente com uma voz mais fraca ainda do que a minha o é.

A sombra (depois de uma pausa) – Não ficas satisfeito por ter uma oportunidade de falar?

O viajante – Por Deus e por todas as coisas em que não creio, minha sombra fala: eu a ouço, mas não acredito.

A sombra – Vamos admitir que seja isso mesmo e não pensemos mais nisso! Em uma hora tudo estará terminado.

O viajante – É justamente o que eu pensava, quando numa floresta perto de Pisa, vi inicialmente dois, depois cinco camelos.

A sombra – É bom se nós dois formos igualmente pacientes para conosco mesmos, uma vez que nossa razão se cala: desse modo não teremos palavras amargas na conversa e não vamos apertar os polegares um contra o outro se, por acaso, suas palavras nos forem incompreensíveis. Se não soubermos responder de imediato, já é muito que se diga alguma coisa: é a condição mínima que ponho para dialogar com alguém. Numa conversa um pouco longa, até o mais sábio se torna uma vez louco e três vezes mesquinho.

O viajante – Tua modéstia não é lisonjeira para aquele a quem o confessas.

A sombra – Devo, pois, elogiar?

O viajante – Eu pensava que a sombra do homem era sua vaidade, mas esta não perguntaria: "Devo, pois, elogiar?"

A sombra – A vaidade do homem, por quanto a conheço, não pede tampouco, como já o fiz duas vezes, *se* ela deve falar: ela fala sempre.

O viajante – Observo primeiramente como sou descortês para contigo, minha querida sombra: ainda não te disse palavra de como *me alegro* em te ouvir e não somente em te ver. Certamente saberás que amo a sombra como amo a luz. Para que haja beleza do rosto, clareza da palavra, bondade e firmeza de caráter, a sombra é tão necessária quanto a luz. Não são adversárias: antes, elas tomam amigavelmente a mão uma da outra e quando a luz desaparece, a sombra foge atrás dela.

A sombra – E eu odeio o que tu odeias, a note; gosto dos homens porque são discípulos da luz e me alegro com a claridade que está estampada em seus olhos quando conhecem e descobrem, esses infatigáveis conhecedores e descobridores. Essa sombra, que todos os objetos mostram, quando o raio do sol da ciência cai sobre eles – eu sou essa sombra também.

O viajante – Creio te compreender, embora te sejas expressado talvez um pouco à maneira das sombras. Mas tinhas razão: bons amigos se dão um ao outro, aqui e acolá, como sinal de compreensão que, para qualquer terceiro, deve ser um enigma. E nós somos bons amigos. Por isso, chega de preliminares! Algumas centenas de perguntas pesam sobre minha alma e o tempo que terias à disposição para responder a elas talvez seja muito curto. Vamos ver sobre que vamos falar com toda a pressa e em paz total.

A sombra – Mas as sombras são mais tímidas que os homens: não irás compartilhar com ninguém a maneira pela qual conversamos juntos.

O viajante – Da maneira como falamos juntos? Que o céu me livre dos diálogos que seguem longamente seu fio e por escrito! Se Platão[1] tivesse sentido menos prazer em tecer esse fio, seus leitores teriam sentido mais prazer em ouvir Platão. Uma conversa que na rea-

(1) Platão (427-347 a.C.), filósofo grego, discípulo de Sócrates; entre suas muitas obras, *República* já foi publicada nesta coleção da Editora Escala (NT).

lidade alegra é, ao ser transcrita e lida, um quadro cujas perspectivas são falsas: tudo é muito longo ou muito curto. – Entretanto, eu poderia talvez fazer parte desse *sobre que* estamos nós dois de acordo?

A sombra – Isso me deixa contente, pois, todos só reconhecerão nisso tuas opiniões: na sombra, ninguém haverá de pensar.

O viajante – Não te enganas talvez, amiga? Até aqui, em minhas opiniões, tratamos mais da sombra do que de mim mesmo.

A sombra –Mais da sombra do que da luz? Será possível?

O viajante – Sê séria, cara doida! Minha primeira pergunta já exige seriedade.

1 - Da árvore da ciência

Verossimilhança, mas não verdade; aparência de liberdade, mas não liberdade: por causa desses dois frutos a *árvore da ciência* não corre risco de ser confundido com a *árvore da vida*.

2 - A razão do mundo

Que o mundo *não é* o *substrato* de uma razão eterna, pode-se prová-lo definitivamente pelo fato de que essa *porção do mundo* que conhecemos – quero dizer nossa razão humana – não é muito racional. E se *ela* não for, em todo o tempo e completamente, sábia e racional, o resto do mundo não o será tampouco; o raciocínio *a minori ad majus, a parte ad totum* (do menor para o maior, da parte para o todo) é aqui aplicável e com força decisiva.

3 - "No início era"[2]

Exaltar as origens é o *impulso extra* metafísico que se esclarece na concepção da história e leva a pensar de modo absoluto que *no início* de todas as coisas se encontra o que há de mais precioso e de mais essencial.

4 - Medida do valor da verdade

Para a altura das montanhas, a dificuldade que se enfrenta para escalá-las não se configura de modo algum como uma unidade de medida. E na ciência deve ser totalmente diferente! – nos dizem alguns que querem passar por iniciados – a dificuldade que custa uma verdade definiria precisamente o valor dessa verdade! Essa moral absurda parte da idéia de que as "verdades" nada mais são propriamente que aparelhos de ginástica sobre os quais deveríamos trabalhar bravamente até a exaustão – moral para atletas e amantes da ginástica do espírito.

---

(2) É a repetição das primeiras palavras do Evangelho de João: *In principio erat Verbum et...* (no princípio era o Verbo e...), capítulo I, versículo 1 (NT).

5 - Linguagem e realidade

Há um desprezo hipócrita por todas as coisas que de fato os homens consideram como as mais importantes, coisas que são *mais próximas*. Por exemplo, se diz: "Comemos só para viver" – *mentira* execrável, como aquele que fala da procriação dos filhos como objetivo próprio de toda volúpia. Em contrapartida, a grande estima pelas "coisas importantes" não é quase nunca inteiramente verdadeira; embora os padres e os metafísicos nos tenham acostumado nesses assuntos a uma *linguagem* hipocritamente exagerada, não conseguiram mudar o sentimento que não atribui às coisas importantes tanta importância como às coisas próximas menosprezadas. – Uma incômoda conseqüência dessa dupla hipótese persiste não menos evidente que fazemos das coisas próximas, por exemplo do comer, da habitação, do vestuário, das relações sociais, o objeto de uma reflexão e de uma reforma contínua, livre de preconceitos e *geral*, mas, visto que isso se demonstra degradante, desviamos sua aplicação intelectual e artística: embora, de um lado, o costume e a frivolidade consigam sobre o elemento inconsiderado, por exemplo sobre a juventude sem experiência, uma vitória fácil, enquanto, de outro lado, nossas contínuas infrações conduzem sempre, jovens e velhos, a uma vergonhosa dependência e servidão – quero dizer, a essa dependência, no fundo supérflua, dos médicos, dos professores e dos zeladores de almas, cuja pressão se exerce sempre, agora ainda, sobre toda a sociedade.

6 - A imperfeição terrestre e sua causa principal

Quando olhamos em torno de nós, nos deparamos sem cessar com homens que, durante toda a sua vida, comeram ovos, sem notar que os mais alongados são os mais deliciosos, que não sabem que uma tempestade faz bem aos intestinos, que os perfumes são mais intensos num ar frio e claro, que nosso sentido do paladar não é o mesmo em todos os pratos apetitosos para a boca, que toda refeição em que proferimos ou escutamos belos discursos causa dano ao estômago. É inútil não ficarmos satisfeitos com esses exemplos de falta de espírito de observação: cumpre confessar realmente que *as coisas mais próximas* são malvistas pela maioria das pessoas e raramente analisadas. E será isso indiferente? – Consideremos, enfim, que dessa falta derivam quase *todos os vícios corporais e morais* dos indivíduos: não saber o que nos é prejudicial na composição da existência, na divisão do dia, no tempo e na escolha das relações, nos negócios e no lazer, no comando e na obediência, nas sensações da natureza e da arte, no comer, no dormir e no refletir; ser ignorante das *nas coisas mais mesquinhas e mais usuais* – é o que faz da terra, para tanta gente, um "prado de desgraça". Que não se diga que se trata aqui, como em toda parte, da *falta de razão* nos homens: pelo contrário – há razão suficiente, e mais que suficiente, mas é levada *numa direção falsa* e *artificialmente desviada* dessas coisas mesquinhas e próximas. Os padres, os professores e a sublime tirania dos idealistas de toda espécie, grosseira e refinada, persuadem a criança de que se trata de coisa totalmente diversa: da salvação da alma, do serviço do Estado, do progresso da ciência ou ainda de consideração e propriedade como meio de prestar serviço à humanidade inteira, enquanto as necessidades do indivíduo, suas necessidades grandes e pequenas, nas vinte e quatro horas do dia são, dizem, algo de desprezível ou de indiferente. – Sócrates(3) já se prevenia com todas as suas forças contra essa orgulhosa negligência do humano em proveito do homem e gostava, com uma citação de Homero(4), de relembrar os limites do objeto verdadeiro de todo cuidado e de toda reflexão: "É, dizia, e é somente o que em mim ocorre de bem e de mal."

7 – Dois meios de consolação

Epicuro(5), o homem que apaziguou as almas da tardia antiguidade, teve essa visão admirável, tão rara hoje ainda, isto é, que, para o repouso da consciência, a solução dos problemas teóricos últimos e extremos não é necessário absolutamente nada. Assim, era-lhe sufi-

(3) Sócrates (470-399 a.C.), filósofo grego, mestre de Platão; não deixou nenhuma obra escrita e seu pensamento foi transmitido por seus discípulos, particularmente por Platão (NT).

(4) Homero (séc. IX a.C.), poeta épico grego, a quem são atribuídas as duas grandes obras épicas *Ilíada* e *Odisséia*; a citação mencionada no texto está em Odisséia, IV, 392 (NT).

(5) Epicuro (341-270 a.C.), filósofo grego; seu pensamento filosófico prega o indeterminismo e, na moral, o desfrute de todos os bens materiais e espirituais do mundo com ponderação e medida, a fim de que a excelência desses bens seja percebida em toda a sua plenitude que sempre se reflete na natureza, que é essencialmente boa (NT).

ciente dizer às pessoas que a "inquietude do divino" atormentava: "Se há deuses, eles não se preocupam conosco" – em vez de discutir sem utilidade e de longe sobre esse problema derradeiro de saber se, em suma, há deuses. Essa posição é muito mais favorável e mais forte: cedemos alguns passos ao outro e assim o tornamos mais disposto a escutar e a refletir. Mas, a partir do momento em que se faz um dever demonstrar o contrário – ou seja, que os deuses se preocupam conosco – em que labirintos e em que descampados o infeliz deve se perder, por sua própria causa e não pela astúcia do interlocutor, que deve somente ter suficiente humanidade e delicadeza para disfarçar a compaixão que lhe desperta esse espetáculo. No fim, o outro chega ao desgosto, o argumento mais forte contra toda proposição, ao desgosto de sua própria opinião; ele se esfria e vai embora com a mesma disposição do puro ateu: "Que me importam os deuses! Que o diabo os carregue!" – Em outros casos, particularmente quando uma hipótese semi-física, semi-moral havia assombrado a consciência, não refutava essa hipótese, mas admitia que isso podia ocorrer: que havia somente uma *segunda hipótese* para explicar o mesmo fenômeno, que talvez a coisa podia se comportar ainda de outro modo. A *pluralidade* das hipóteses é suficiente ainda em nossos dias, por exemplo, a propósito da origem dos escrúpulos de consciência, para tirar da alma essa sombra que surge tão facilmente dos refinamentos sobre uma hipótese única, a única visível, e por isso cem vezes supervalorizada. – Quem desejar, portanto, difundir a consolação a desafortunados, a criminosos, a hipocondríacos, a moribundos, só necessita se lembrar dos dois artifícios calmantes de Epicuro, que podem ser aplicados a muitos problemas. Sob sua forma mais simples, poderiam ser expressos mais ou menos nestes termos: primeiro, supondo que seja assim, em nada nos importa; segundo: pode ser assim, mas pode também ser de outra maneira.

8 - Na noite

A partir do momento em que a noite irrompe, nossa impressão sobre os objetos familiares se transforma. Há o vento que se esgueira como que por caminhos proibidos, sussurrando como se procurasse alguma coisa, aborrecido por não encontrá-la. Há a luz das lâmpadas, com seus trêmulos raios avermelhados, sua claridade cansada, lutando a contragosto contra a noite, escrava impaciente do homem que está acordado. Há a respiração daquele que dorme, seu ritmo inquietante sobre o qual um cuidado sempre renascente parece tocar uma melodia – não a ouvimos, mas quando o peito do adormecido se eleva, sentimos o coração apertado e quando o suspiro diminui, quase expirando num silêncio de morto, nós nos dizemos: "Repousa um pouco, pobre espírito atormentado!" Desejamos a todo ser vivo, porquanto vive em semelhante opressão, um repouso eterno; a noite convida à morte. – Se os homens prescindissem do sol e enfrentassem o combate contra a noite com o clarão da lua e da lamparina, que filosofia os envolveria com seus véus! Já observamos demais no ser intelectual e moral do homem como é sombreado por essa metade escuridão e metade ausência do sol que cobre sua vida com um véu tênue e escuro.

9 – Onde teve início a teoria do livre-arbítrio

Sobre um plana *a necessidade* sob a forma de suas paixões, sobre outro como o hábito de escutar e obedecer, sobre o terceiro como a consciência lógica, sobre o quarto como o capricho e o prazer extravagante de saltar as páginas. Mas os quatro procuram precisamente seu arbítrio *livre* onde cada um está mais solidamente acorrentado: é como se o bicho-da-seda pusesse seu livre-arbítrio a fiar. De onde vem isso? Evidentemente do fato de que cada um se julga mais livre onde seu *sentimento de viver* é mais forte, portanto, como já disse, ora na paixão, ora no dever, ora na pesquisa científica, ora na fantasia. Pelo fato de ser forte, pelo fato de sentir-se animado de vida, o indivíduo acredita involuntariamente que isso deve ser também o elemento de sua liberdade: junta a dependência e o torpor, a independência e o sentimento de viver, como pares inseparáveis. – Nesse caso, uma experiência feita pelo homem no terreno político e social é transportada erradamente para o terreno metafísico transcendente: é ali que o homem forte é também o homem livre, é ali que o sentimento vivo de alegria e de sofrimento, que a altura das esperanças, a ousadia do desejo, o poder do ódio são o apanágio do soberano e do independente, enquanto que o súdito, o escravo, vive oprimido e estúpido. – A teoria do livre-arbítrio é uma invenção das classes *dirigentes*.

10 – Não sentir novas correntes

Enquanto não nos *sentirmos* depender de alguma coisa, nos consideramos independentes: conclusão errônea que mostra qual é o orgulho e a sede de dominação do homem. De fato, ele admite aqui que em toda circunstância deve notar e reconhecer sua dependência logo que a sofreu com a hipótese que *usualmente* vive na independência e que, se vier a perdê-la excepcionalmente, sentirá de imediato um contraste de impressão. – Mas como? Se era o contrário que havia sido verdade, ou seja, que viveu *sempre* numa múltipla dependência, mas que se considerava *livre* sempre que, por um longo hábito, não sentia mais a pressão das correntes? Somente as correntes novas o fazem sofrer ainda: "livre-arbítrio", livre, não quer dizer propriamente outra coisa senão o fato de não sentir novas correntes.

11 – O livre-arbítrio e o isolamento dos fatos

A observação imprecisa que nos é habitual toma um grupo de fenômenos por uma unidade e o chama um fato: entre ele e outro fato, ela cria um espaço vazio, *isola* cada fato. Na realidade, porém, o conjunto de nossa atividade e de nosso conhecimento não é uma série de fatos e de espaços intermediários vazios, é uma corrente contínua. Ora, a crença no livre-arbítrio é justamente incompatível com a concepção de uma corrente contínua, homogênea, indivisa, indivisível: ela supõe que *toda ação particular está isolada e é indivisível*; ela é uma *atomística* no domínio do querer e do saber. – Do mesmo modo que compreendemos inexatamente os caracteres, outro tanto fazemos com os fatos: falamos de caracteres idênticos, de fatos idênticos, mas nem uns nem outros existem. Enfim, só elogiamos e censuramos sob a ação dessa idéia falsa de que há fatos *idênticos*, que existe uma ordem graduada de *gêneros*, de fatos, que corresponde a uma ordem graduada de valores; assim, isolamos não somente o fato particular, mas também, por sua vez, os grupos de pretensos fatos idênticos (atos de bondade, de maldade, de compaixão, de inveja, etc.) – uns e outros por erro. – A palavra e a idéia são a causa mais visível que leva a crer nesse isolamento de grupos de ações: não nos servimos deles somente para *designar* as coisas, cremos usualmente que por eles captamos a *essência*. As palavras e as idéias nos levam agora também a imaginar constantemente as coisas como mais simples do que são, separadas umas das outras, indivisíveis, tendo cada uma sua existência em si e para si. Há, oculta na *linguagem*, uma mitologia filosófica que a cada instante reaparece, por mais precauções que tomemos. A crença no livre-arbítrio, isto é, a crença nos fatos *idênticos* e nos fatos *isolados* – possui na linguagem um apóstolo e um representante perpétuo.

12 - Os erros fundamentais

Para que o homem sinta um prazer ou um desprazer moral qualquer, é necessário que seja dominado por uma destas duas ilusões: *ou* ele acredita na *identidade* de certos fatos, de certos sentimentos, e então, pela comparação de estados atuais com estados anteriores e pela identificação ou pela diferenciação desses estados (tal como ocorre em toda lembrança) tem um prazer ou um desprazer moral; *ou* ele acredita no *livre-arbítrio*, por exemplo, quando pensa "Não deveria ter feito isso", "isso poderia ter terminado de modo diferente", e assim tem igualmente prazer ou desprazer. Sem os erros que agem em todo prazer ou desprazer moral, nunca se teria produzido uma humanidade – cuja opinião fundamental é e será sempre que o homem é um ser livre no mundo da necessidade, o eterno *fazedor de milagres*, quer faça o bem ou o mal, a espantosa exceção, o super-animal, o quase-Deus, o sentido da criação, o inelutável ser pensante, a palavra do enigma cósmico, o grande dominador e o grande contendor da natureza, o ser que denomina sua história como a *história universal*! – *Vanitas vanitatum homo* (o homem é a vaidade das vaidades).

13 - Dizer duas vezes

É muito bom exprimir imediatamente uma coisa duplamente e lhe conferir um pé direito e um pé esquerdo. A verdade pode, é verdade, manter-se num pé só, mas com dois pés ela poderá caminhar e seguir seu caminho.

14 - O homem comediante do mundo

Seriam necessários seres mais espirituais que o homem, especialmente para degustar a fundo o humor que reside no fato de o homem se considerar o fim do universo e que a humanidade não se satisfaz seriamente senão com a perspectiva de uma missão universal. Se um Deus criou o mundo, criou o homem para ser *o macaco de Deus*, como um perpétuo assunto de alegria em suas eternidades demasiado longas. A harmonia das esferas em torno da terra poderia então se transformar nas gargalhadas das criaturas que cercam o homem. A *dor* serve a esse imortal aborrecido para acariciar seu animal favorito, para ter prazer com suas atitudes altivamente trágicas e com as explicações de seus próprios sofrimentos, sobretudo com a invenção intelectual da mais vã das criaturas – inventor desse inventor. De fato, aquele que imaginou o homem para rir dele tinha mais espírito que ele e também mais prazer no espírito. – Aqui mesmo, onde nossa humanidade quer finalmente se humilhar voluntariamente, a vaidade nos prega uma peça ao nos fazer pensar que nós homens seríamos pelo menos *nessa vaidade* algo de incomparável e de miraculoso. Nós, únicos no mundo! Ah! É coisa por demais inverossímil! Os astrônomos, que às vezes vêem realmente um horizonte afastado da terra, dão a entender que a gota de *vida* no mundo não tem importância para o caráter total do imenso oceano do vir-a-ser e do perecer, que astros cuja situação presente das condições análogas àquelas da terra para a produção da vida não se sabe, mas que são muito numerosos – na verdade, porém, um punhado apenas em comparação daqueles em número infinito que jamais tiveram o primeiro impulso de vida ou que depois de muito tempo se remiram; que a vida em cada um desses astros, transmitida em todo o decurso de sua existência, foi num momento, numa faísca, seguida de longos e mais longos lapsos de tempo – portanto, de modo algum o objetivo e o fim derradeiro de sua existência. Talvez a formiga na floresta imagine também que seja o objetivo e o fim da existência da floresta, como fazemos nós quando, em nossa imaginação, ligamos involuntariamente à destruição da humanidade a destruição da terra: somos ainda modestos quando paramos por aí e não nos preparamos para festejar os funerais do último mortal, um crepúsculo geral do mundo e dos deuses. O próprio astrônomo mais livre de preconceitos não pode imaginar a terra sem vida de outra forma que o túmulo iluminado e flutuante da humanidade.

15 - Modéstia do homem

Quão pouco prazer é suficiente à maioria para julgar boa a vida; como é modesto o homem!

16 - Onde a indiferença é necessária

Nada seria mais absurdo do que querer esperar que a ciência se pronunciasse definitivamente sobre as coisas primeiras e últimas e até lá pensar na forma *tradicional* (e especialmente assim acreditar!) – como muitas vezes foi aconselhado. A tendência a não querer possuir sobre essas matérias *senão certezas* absolutas é um *impulso extra religioso*, nada melhor – uma forma disfarçada e cética, somente na aparência, da "necessidade metafísica" dobrada dessa segunda intenção, que por muito tempo ainda não teremos a perspectiva dessas certezas derradeiras e que até lá o "crente" está no direito de não se preocupar com todo esse domínio. Não temos de forma alguma *necessidade* dessas certezas em torno do extremo horizonte para viver uma vida humana plena e sólida: igualmente do mesmo modo que a formiga não tem necessidade disso para ser uma boa formiga. É necessário bem antes pôr às claras de onde provém realmente a importância fatal que por tanto tempo atribuímos a essas coisas e por isso temos necessidade da *história* dos sentimentos morais e religiosos. De fato, sob a influência desses sentimentos, é que os problemas culminantes do conhecimento se tornaram para nós tão graves e tão temíveis: introduzimos de contrabando nos domínios mais externos, *para os quais* o olho do espírito se dirige ainda sem penetrar *neles*, conceitos como aqueles de falta e de pena (e mesmo de pena eterna!): e com tanto menor escrúpulo quanto esses domínios eram mais obscuros para nós. Desde toda a antiguidade se imaginou temerariamente que lá onde nada se podia garantir seria o caso de persuadir a própria descendência a admitir essas imaginações como coisa séria e verdade, usando como último trunfo dessa proposição execrável: que acreditar vale mais que saber. Ora, o que agora é necessário frente a essas coisas últimas não é o saber oposto à crença, mas a *indiferença com relação à crença e ao pretenso saber* nessas matérias! – Qualquer outra coisa deve nos manter mais perto do que aquilo que nos foi pregado até agora como o mais importante: quero dizer estas perguntas: Qual é o fim do homem? Qual é seu destino depois da morte? Como ele se reconcilia com Deus? E todas as expressões possíveis dessas *coisas curiosas*. Tão pouco como essas questões dos filósofos dogmatistas nos tocam aquelas dos idealistas ou materialistas ou realistas. Todos eles, como são, se preocupam em nos impelir a uma decisão sobre matérias nas quais nem crença nem saber são necessários; mesmo para o mais apaixonado pelo saber, é mais vantajoso porquanto em torno de tudo o que é objeto de pesquisa e acessível à razão se estende um falacioso cerco de pântanos nebulosos, uma área impenetrável de eterno fluxo e de algo indeterminável. É precisamente pela comparação com o reino do obscuro, nos confins da terra do saber, que o mundo da ciência, claro e próximo, bem próximo, *cresce* sem cessar em valor. – O que nos é necessário é tornar-nos bom próximo dos objetos próximos! E como fizemos até aqui, não deixar nosso olhar passar com desprezo por sobre eles para se dirigir às nuvens e aos espíritos da noite. Nas florestas e nas cavernas, nas terras pantanosas e sob os céus cobertos – é ali que o homem viveu durante muito tempo, ali viveu pobremente nos diversos graus de civilização durante séculos e mais séculos. Ali *aprendeu a desprezar* o presente e o próximo, bem como a vida e ele próprio – e nós que habitamos as planícies mais luminosas da natureza e do espírito, contraímos ainda por herança em nosso sangue algo desse veneno do desprezo para com as coisas próximas.

17 – Explicações profundas

Aquele que deu de uma passagem de um autor uma *explicação mais profunda* do que realmente estava no conceito não explicou o autor, mas o *obscureceu*. Essa é a situação de nossos metafísicos com relação ao texto da natureza; é até mesmo pior ainda. De fato, para dar suas explicações profundas, começam muitas vezes por conformar a elas o texto: isso significa que o *corrompem*. Para dar um exemplo curioso de corrupção do texto e de obscurecimento do autor, vejamos as idéias de Schopenhauer[6] sobre a gravidez das mulheres. "O indício da persistência do querer-viver no tempo, diz ele, é o coito; o indício do clarão de conhecimento associado a esse querer, que manifesta a possibilidade da libertação, e isso no mais alto grau de claridade, é a encarnação nova do querer-viver. O sinal desta é a gravidez se mostra franca e livremente, mesmo altivamente, enquanto que o coito se esconde como um criminoso." Acha que, se fosse surpreendida no ato de geração, *toda mulher* morreria de vergonha, mas que "*deixa ver sua gravidez, sem qualquer vestígio de vergonha e mesmo com uma espécie de orgulho*". Antes de tudo, esse estado não se deixa tão facilmente pôr à vista *antes* que ele próprio se ponha à vista, mas, ao ressaltar justamente só a premeditação desse pôr à vista, Schopenhauer já prepara seu próprio texto para que concorde com a "explicação" já preparada, porquanto o que diz da generalidade do fenômeno a explicar não é verdade: ele fala de "todo mulher"; mas muitas, notadamente as mulheres jovens, muitas vezes mostram nesse estado uma penosa vergonha, mesmo diante de seus parentes mais próximos; e se mulheres de idade madura e de idade mais madura ainda, especialmente mulheres do povo simples, encontram, de fato, como se diz, algum prazer nesse estado, é que dão a entender com isso que *ainda* são desejadas pelos homens. A seu aspecto, o vizinho e a vizinha ou um estranho que passa diz ou pensa: "É realmente possível?" – Essa esmola é sempre aceita de bom grado pela vaidade feminina em sua baixeza intelectual. Pelo contrário, como conclusão das proposições de Schopenhauer, seriam as mais refinadas e as mais inteligentes das mulheres que se regozijam do modo mais público possível de seu estado: é que elas têm a plena perspectiva de pôr no mundo um filho milagroso pela inteligência, no qual "a vontade" se "nega" uma vez mais para o bem geral; loucas mulheres! Teriam, pelo contrário, toda a razão de esconder sua gravidez com mais vergonha ainda de tudo o que elas escondem. – Não se pode dizer que essas coisas sejam extraídas da realidade. Mas, supondo que Schopenhauer tenha tido, de uma maneira geral, perfeitamente razão ao dizer que as mulheres no estado de gravidez mostram mais contentamento consigo mesmas do

(6) Arthur Schopenhauer (1788-1860), filósofo alemão, cuja obra mais conhecida se intitula *O mundo como vontade e como representação*; as citações dele constantes no texto se encontram em *Parerga und Paralipomena, II* (NT)

que geralmente mostram, haveria ao alcance da mão uma explicação mais próxima que a dele. Poder-se-ia imaginar um cacarejo da galinha *antes* de pôr o ovo e que esse cacarejo quisesse dizer: Vejam! Vejam! Vou pôr um ovo! Vou pôr um ovo!

18 – O Diógenes[7] moderno

Antes de procurar o homem é necessário ter encontrado a lanterna. – Será necessariamente a lanterna do *cínico*?

19 – Imoralistas

É necessário agora que os moralistas consintam em se deixar tratar como imoralistas, porque dissecam a moral. Entretanto, aquele que quer dissecar deve matar: mas somente para que melhor se possa conhecer e julgar, e também viver melhor, não para que o mundo inteiro se ponha a dissecar. Infelizmente, os homens imaginam ainda que, para todos os atos de sua vida, o moralista deve ser um modelo que seus semelhantes devem imitar: eles o confundem com o pregador de moral. Os moralistas de outrora não dissecavam o suficiente e muitas vezes pregavam demais: disso decorre essa confusão e essa conseqüência desagradável para os moralistas de hoje.

20 – Não confundir

Os moralistas que tratam dos sentimentos grandiosos, poderosos e desinteressados, por exemplo, nos heróis de Plutarco[8], ou do estado de alma puro, iluminado, ardente nos seres verdadeiramente bons, como se trataria um severo problema do conhecimento, e que procurassem a origem desses sentimentos e desses estados de alma mostrando o que há de complicado numa aparente simplicidade, ao enfrentar o emaranhado dos motivos aos quais se mistura o tênue fio das ilusões ideais e das sensações individuais e coletivas transmitidas de longe e lentamente reforçadas – esses moralistas *diferem* bem

(7) Diógenes, o Cínico (404-323? a.C.), filósofo grego; segundo ele, a virtude é o bem supremo e o resto nada vale; para libertar-se do desejo, deve-se reduzir ao mínimo as necessidades; a tradição diz que vivia dentro de um tonel. Conta-se que Alexandre Magno lhe perguntou se desejava algo, ao que respondeu: "Quero apenas a luz do sol; afasta-te" (NT).

(8) Plutarco (50-125), escritor grego, autor de *Vidas paralelas* (obra que reúne 23 biografias de gregos e 23 de romanos, dispostas aos pares) e Obras morais (NT).

mais daqueles com quem *são* mais frequentemente *confundidos*: os espíritos mesquinhos que não acreditam de modo algum nesses sentimentos e nesses estados de alma e que pensam esconder sua própria miséria atrás do brilho da grandeza e da pureza. Os moralistas dizem: "Há impostores e trapaças"; *negam*, portanto, com a maior simplicidade a existência daquilo que os primeiros se aplicam em *explicar*.

21 - O homem como aquele que mede

Talvez se pudesse reconduzir toda a origem da moralidade à enorme agitação interior que dominou a humanidade primitiva quando descobriu a medida e a avaliação, a balança e o peso. (Sabe-se que a palavra "homem" significa aquele que mede, quis se *denominar* segundo sua maior descoberta!) – Essas noções o elevaram a domínios que não se poderia medir nem pesar e que primitivamente não pareciam tão inacessíveis.

22 - Princípio do equilíbrio

O salteador e o homem poderoso, que prometem a uma comunidade protegê-la contra os ladrões, são ambos provavelmente seres semelhantes, salvo que o segundo chega a tirar vantagem de maneira diferente que o primeiro, ou seja, por meio de contribuições regulares que a comunidade lhe deposita e não mais por resgates de guerra. (A mesma relação existe entre o mercador e o pirata que podem ser por muito tempo um só e mesmo personagem: desde que uma das funções não lhes parece prudente, exercem a outra. No fundo, ainda agora a moral do mercador não passa de uma moral de pirata, *mais evoluída*: trata-se de comprar a um preço tão baixo quanto possível – não gastar na necessidade senão os custos mínimos – e revender tão caro quanto possível.) O ponto essencial é que esse homem poderoso promete se *nivelar* ao salteador; os fracos vêem nisso a possibilidade de viver. De fato, é necessário que ou se juntem eles mesmos num poder *equivalente* ou que se submetam a um homem que consiga contrabalançar esse poder (essa submissão consiste em prestar serviços). Geralmente se dá preferência a esse procedimento, porque em suma põe em cheque *dois* seres perigosos: o primeiro pelo segundo e o segundo pelo ponto de vista do lucro; de fato, o protetor ganha em tratar bem aqueles que lhe estão sujeitos, para que possam não somente se nutrir a si mesmos, mas também nutrir seu dominador. Pode ocorrer, por outro lado, que sejam também tratados de modo bastante duro e cruel, mas em comparação com o *aniquilamento* completo que outrora sempre se devia temer, os homens experimentam um grande alívio. – A comunidade é, no início, a organização dos fracos para *tentar equilibrar* as potências ameaçadoras. Uma organização em vista da *superioridade* seria preferível se conseguisse então tornar-se forte para *aniquilar* o poder adverso: e quando se trata de um só destruidor poderoso é certamente o que se deverá *tentar*. Mas esse inimigo é talvez o chefe de uma linhagem ou talvez ele possui um grande número de seguidores, então a destruição rápida e definitiva será pouco provável e será necessário preparar-se para longas *hostilidades* que trariam para a comunidade o estado menos desejável, porque esta perderia assim o tempo que lhe é necessário para cuidar regularmente de sua manutenção e porque veria sem cessar ameaçado o produto de seu trabalho. É por isso que a comunidade prefere colocar seu poder de defesa e de ataque exatamente na altura em que se encontra o poder do vizinho perigoso e lhe dar a entender que, desde que suas armas valem tanto quanto as dela, não há razão para ser bons amigos. – O *equilíbrio* é, portanto, uma noção muito importante para os antigos princípios de justiça e de moral; o equilíbrio é a base da *justiça*. Se nas épocas bárbaras esta disse "olho por olho, dente por dente", considera o equilíbrio como atingido e quer *conservar* esse equilíbrio por meio dessa faculdade de dar o troco, de tal modo que, se alguém comete um delito em detrimento do outro, o outro não poderá mais exercer sua vingança com uma cólera cega. Graças à *lei do talião*, o equilíbrio entre as potências, que havia sido destruído, é *restabelecido*: pois, um olho, um braço *a mais*, nessas condições primitivas, é uma soma de poder, um peso *a mais*. No seio da comunidade, onde todos se consideram iguais em valor, para reprimir os delitos, isto é, contra a ruptura do princípio do equilíbrio, há a *vergonha* e a *punição*: a vergonha, um peso instituído contra o transgressor que buscou vantagens por usurpações e para quem a vergonha causa danos que suprimem e *contrabalançam* as vantagens anteriores. O mesmo ocorre com a punição: esta estabelece contra a predominância que todo criminoso se arroga um contrapeso muito maior, e contra o ataque de força a prisão, contra o roubo a restituição e a multa. É assim que se faz *lembrar* ao malfeitor que por seu ato ele se excluiu da comunidade, renunciando às vantagens morais desta; a comunidade o trata como desigual, como fraco, como alguém que está fora dela; é por isso que a punição é não somente uma vingança, mas é qualquer coisa *a mais*, que possui a *dureza do estado primitivo*, pois, é esse estado que ela quer relembrar.

23 – Os partidários do livre-arbítrio têm o direito de punir?

Os homens que, por profissão, julgam e punem, procuram fixar em cada caso particular se um criminoso é responsável por seu ato, se *pôde* se servir de sua razão, se agiu para obedecer a *motivos* e não inconscientemente ou sob coação. Se for punido é por ter preferido as más razões às boas razões que devia *conhecer*. Quando esse conhecimento faz falta, em conformidade com as idéias dominantes, o homem não é livre e responsável: a menos que sua ignorância, por exemplo sua *ignorantia legis* (ignorância da lei), não seja a conseqüência de uma negligência intencional de sua parte; foi, portanto, outrora mesmo, quando não queria aprender o que devia que preferiu as más razões às boas e é agora que ele sofre as conseqüências de sua escolha. Pelo contrário, se não percebeu melhores razões, por estultícia ou idiotice, não se tem o costume de puni-lo. Então se diz que não possuía o discernimento necessário, que agiu como um animal. A negação intencional da melhor razão é agora a condição que se exige para que um criminoso mereça ser punido. Mas como pode alguém ser intencionalmente mais irracional do que deve ser? O que é que o leva a decidir, quando os pratos da balança estão carregados de bons e maus motivos? Não será nem o erro nem a cegueira, nem uma coação interior, nem uma coação exterior. (Além disso, deve-se considerar que o que se chama "coação exterior" não é outra coisa senão a coação interior do temor e da dor.) O que será então? – se estaria no direito de perguntar. A *razão* não deve ser a causa que faz agir, porque não poderia decidir contra os melhores motivos. – Aqui, pedimos ajuda ao "livre-arbítrio": é o *pleno prazer* que deve decidir e mandar vir um momento em que nenhum motivo age, em que a ação se realiza como um *milagre*, saindo do nada. Pune-se essa pretensa *discrição* num caso em que nenhum pleno prazer deveria reinar: a razão que conhece a lei, a interdição e o mandamento, não deveria ter deixado fazer essa escolha, é o que se pensa, e agir como coação e poder superior. O criminoso é, portanto, punido, porque agiu sem razão, quando devia ter agido em conformidade com razões. Mas *por que* isso terminou assim? É precisamente isso que se tem realmente o direito de *perguntar*: foi uma ação sem "por quê"? sem motivo, sem origem, alguma coisa que não tinha nem objetivo nem razão. – Entretanto, em conformidade com as condições de penalidade enunciadas há pouco, não se teria tampouco *o direito de punir semelhante ação*! Por isso não se pode fazer valer essa espécie de penalidade; é como se *não* se tivesse feito alguma coisa, como se *não* se tivesse deixado de fazê-la, como se *não* se tivesse feito uso da razão, pois, sob todos os aspectos, a omissão ocorreu *sem intenção*! E só são puníveis as omissões intencionais daquilo que é ordenado. Para dizer a verdade, o criminoso preferiu as más razões às boas, mas *sem* motivo e sem intenção: se não fez uso de sua razão, não foi precisamente *para* não fazer uso dela. A hipótese que se levanta com relação ao criminoso que merece ser punido, a hipótese de que renegou intencionalmente sua razão, é precisamente supressa se for admitido o "livre-arbítrio! Vocês não têm o direito de punir, vocês que são partidários da doutrina do "livre-arbítrio", seus próprios princípios o proíbem! – Mas esses princípios não são outra coisa senão uma mitologia muito singular das idéias; e a galinha que a chocou estava longe da realidade quando chocava seus ovos.

24 – Para julgar o criminoso e seu juiz

Contrariamente a seu juiz e a seu censor, o criminoso que conhece todo o encadeamento das circunstâncias não considera seu ato fora da ordem e da inteligibilidade; sua pena, contudo, lhe é medida exatamente segundo o grau de *espanto* que se apodera destes, ao ver essa coisa ininteligível para eles, o ato do criminoso. – Quando o defensor de um criminoso conhece suficientemente o caso e sua origem, as circunstâncias atenuantes que apresentar, umas após outras, acabarão necessariamente por apagar todo o crime. Ou, para expressá-lo mais exatamente ainda: o defensor atenuará grau por grau esse *es-*

panto que quer condenar e atribuir a pena acabará mesmo por suprimi-lo completamente, forçando todos os ouvintes honestos a confiar unicamente em seu foro íntimo: "Ele teve de agir da maneira como agiu; ao puni-lo, puniríamos a eterna fatalidade." – Medir o grau da pena segundo *o grau do conhecimento* que se tem ou se *pode ter* da história de um crime – não é contra toda equidade?

25 - A troca e a equidade

Uma troca não poderia ser feita honestamente e conforme ao direito a não ser que cada uma das duas partes pedisse que aquilo que lhe parece ser o valor de seu objeto, avaliando a dificuldade em adquiri-lo, a raridade, o tempo empregado, etc., sem esquecer o valor moral que se confere a ele. Desde que a troca fixa o preço *com relação à necessidade do outro*, isso se torna uma forma mais sutil de assalto e de exação. – Se o objeto da troca é dinheiro, deve-se considerar que uma *moeda de ouro* nas mãos de um rico herdeiro ou de um operário, de um comerciante ou de um estudante, muda completamente de valor: cada um poderá receber mais ou menos por ela, segundo o trabalho maior ou menor que tiver tido para adquiri-la – é assim que a gente seria eqüitativo, mas na realidade, sabe-se muito bem, é precisamente o contrário. No mundo das altas finanças, a *moeda de ouro* de um rico preguiçoso vale mais que aquela do pobre e do trabalhador.

26 - As condições legais como meio

O direito, apoiado em contratos entre iguais, persiste enquanto o poder daqueles que concordaram permanece constante; a prudência criou o direito para pôr fim às hostilidades e às *inúteis* dissipações entre forças iguais. Mas essa razão de conveniência cessa definitivamente tão logo uma das duas partes se *tiver tornado* sensivelmente *mais fraca* que a outra; então a submissão substitui o direito que *cessa de existir*, mas o sucesso é o mesmo que aquele que se alcançaria até aqui pelo direito. De fato, é a *razão* daquele que vence que aconselha a *administrar* a força do submetido em não desperdiçá-la inutilmente: e muitas vezes a condição do submetido é mais favorável que aquele em que encontrava o igual. – As condições legais são, portanto, *meios* provisórios que a prudência aconselha, não são objetivos.

27 - Explicação da alegria maligna

A alegria maligna que experimentamos diante do mal de outrem provém do fato de que cada um se sente mal sob muitos aspectos, porquanto tem também suas preocupações, seus remorsos, suas dores e sabe de tudo isso: o dano que toca ao outro faz deste um ser *igual* a ele e reconcilia sua inveja. – Se alguém tem motivos para ser feliz, acumula também os motivos que tornam o próximo infeliz como um capital em sua memória, a fim de utilizá-lo quando também sobre vier a cair a desgraça: essa é igualmente uma forma de ter uma "alegria maligna". O sentimento de igualdade quer, portanto, aplicar sua medida ao domínio da felicidade e da infelicidade: a alegria maligna é a expressão mais vulgar pela qual se manifestam a vitória e o restabelecimento da igualdade, mesmo no domínio do mundo superior. Não é senão a partir do momento em que o homem aprendeu a ver, nos demais homens, seus iguais, portanto, somente depois da fundação da sociedade, que a alegria maligna existe.

28 - O arbitrário na aplicação das penas

Na maioria dos criminosos, as punições chegam como os filhos para as mulheres. Fizeram dez e cem vezes a mesma coisa sem sentir conseqüências incômodas; de repente são descobertos e o castigo vem em seguida. O hábito deveria, no entanto, fazer parecer escusável a falta pela qual o culpado é punido; é uma tendência formada aos poucos e é difícil resistir a ela. Em lugar disso, quando se suspeita de crime por hábito, o malfeitor é punido com maior severidade e o hábito é dado como razão para rejeitar todo atenuante. Ao contrário, uma existência modelar, que faz ressaltar o delito com tanto maior horror deveria aumentar o grau de culpabilidade! Mas de modo algum atenua a pena. Não é, portanto, ao crime que são aplicadas as penas, mas se avalia sempre o dano causado à sociedade e o perigo que esta correu: a utilidade passada de um homem é contada em favor dele, porque não se tornou prejudicial senão uma só vez, mas se em seu passado forem descobertos outros atos de caráter danoso, estes são adicionados ao ato presente para infligir uma pena tanto maior. Mas se geralmente se pune, recompensa-se de igual modo o passado de um homem (a punição mínima nesse caso não passa de uma recompensa); seria o caso de remontar ainda mais no passado e punir e recompensar o que foi a causa de semelhante passado, quero dizer, os pais, os educadores, a própria sociedade, etc.: ver-se-ia então que, em muitos casos, o *juiz* participa, de uma maneira ou de outra, da culpabilidade. É arbitrário deter-se no criminoso quando se pune o passado: dever-se-ia ater-se a cada caso particular quando não se quer admitir que toda falta é absolutamente escusável e não olhar para trás; tratar-se-ia, pois, de *isolar* a falta e não conectá-la de alguma forma ao que a precedeu – senão, seria pecar contra a lógica. Tirem antes, vocês que são partidários do livre-arbítrio, a conclusão que decorre necessariamente de sua doutrina e decretem bravamente: "*Nenhum ato tem passado.*"

29 – A inveja e sua irmã mais nobre

A partir do momento em que a igualdade for verdadeiramente reconhecida e duravelmente fundada, surge um pendor que passa em suma por imoral e que, no estado primitivo, mal seria imaginado: *a inveja*. O invejoso se dá conta de toda a proeminência de seu próximo acima da medida comum e quer reconduzi-lo a esta – ou também se elevar ele próprio até ela: disso resultam duas formas de agir diferentes que Hesíodo[9] designou com o nome de boa e má Éris. De igual modo, no estado de igualdade, nasce a indignação por ver que uma pessoa que se encontra num nível de igualdade diferente tem *menos* infelicidade do que mereceria, enquanto outra pessoa tem *mais* felicidade do que seria digna de possuir: são emoções peculiares a naturezas *mais nobres*. Estas procuram em vão a justiça e a equidade nas coisas que são independentes da vontade dos homens: elas exigem que essa igualdade reconhecida pelo homem seja também reconhecida pela natureza e pelo acaso; elas se indignam que os iguais não tenham a mesma sorte.

---

(9) Hesíodo (séc. VIII a.C.), poeta grego, considerado o pai da poesia didática; suas principais obras são Os trabalhos e os dias, *Teogonia* e *Escudo de Héracles* (NT).

30 - Inveja dos deuses

A "inveja dos deuses" nasce quando alguém que é estimado inferior se coloca em paridade com alguém superior (como Ájax[10]) ou quando por um favor do destino esse colocar-se em paridade se processa por si (Niobéia[11], como mãe extremamente feliz). Na hierarquia social, essa inveja exige que ninguém tenha mérito acima de sua situação, que a felicidade também seja conforme a essa e ainda que a consciência de si não saia dos limites traçados pela condição. O general vitorioso sofre muitas vezes a "inveja dos deuses", do mesmo modo também o discípulo, quando criou uma obra de mestre.

31 - A vaidade como impulso exagerado de um estado anti-social

Por razões de segurança pessoal, os homens decretaram que são todos iguais para formar uma comunidade, mas visto que essa concepção é, em última análise, contrária à natureza de cada um e aparece como algo de forçado, quanto mais a segurança geral é garantida tanto mais novos ímpetos do velho instinto de preponderância começam a se mostrar: assim, na delimitação das castas, nas pretensões às dignidades e às vantagens profissionais e em geral nos aspectos de vaidade (maneiras, vestuário, linguagem, etc.). Mas a partir do momento em que se começa a prever algum perigo para a comunidade, a grande maioria, que não fez valer sua preponderância nos períodos de tranqüilidade pública, restabelece novamente o estado de igualdade: os privilégios e vaidades absurdos desaparecem por algum tempo. Se, no entanto, a comunidade social desmoronar completamente, se a anarquia se tornar universal, o estado natural brilhará de novo, com a desigualdade despreocupada e absoluta, como foi o caso na ilha de Córcira, segundo o relato de Tucídides[12]. Não há nem direito natural nem injustiça natural.

---

(10) Ájax foi um dos soldados mais valentes na guerra de Tróia; num acesso de furor, julgando vingar os gregos, degolou um rebanho de ovelhas; ao dar-se conta do erro, se suicidou (NT).

(11) Segundo a mitologia grega, Niobéia era mãe de 14 filhos, sete meninas e sete meninos; teve a insolência de comparar seus filhos aos dos de diferentes deuses; em represália, Apolo e Ártemis mataram, numa caçada, os sete filhos de Niobéia, matando a seguir as sete filhas que tinham acorrido para socorrer os irmãos (NT).

(12) Tucídides (465-395 a.C.), historiador grego, autor de *Histórias da guerra do Peloponeso*; a ilha de Córcira, hoje Corfu, situada no mar Jônico, frente à divisa atual entre Grécia e Albânia (NT).

32 – A equidade

A equidade é um desenvolvimento da justiça que nasce entre aqueles que não pecam contra a igualdade na comunidade: é aplicada em casos em que a lei nada prescreve, em que intervém o senso sutil do equilíbrio que leva em consideração o passado e o futuro e que tem como máxima "não faças aos outros o que não queres que te façam a ti". *Aequum* quer dizer precisamente "*conforme à nossa igualdade*; esta nivela nossas pequenas diferenças para restabelecer a aparência de igualdade e que nos perdoemos muitas coisas que não deveríamos perdoar".

33 – Elementos da vingança

A palavra "vingança" é tão rapidamente pronunciada: parece quase que não possa conter mais de uma só raiz de idéia e de sentimento. Sempre nos aplicamos, portanto, a encontrar a vingança, exatamente como nossos economistas ainda não se fatigaram de farejar na palavra "valor" semelhante unidade nem de pesquisar a raiz fundamental da idéia de valor. Como se todas as palavras não fossem bolsos onde enfiamos ora isto, ora aquilo, ora várias coisas ao mesmo tempo. A "vingança" é também, portanto, ora isto, ora aquilo, ora alguma coisa de mais complicado. Cumpre distinguirmos, pois, esse recuo defensivo que efetuamos quase involuntariamente como se estivéssemos diante de uma máquina em movimento mesmo contra objetos inanimados que nos feriram: o sentido que é necessário conferir a esse movimento contrário é de fazer cessar o perigo, detendo a máquina. Para chegar a esse objetivo, é necessário às vezes que a resposta seja tão violenta que chegue a destruir a máquina; mas quando esta é muito sólida para ser destruída por um indivíduo, este vai empregar toda a força de que for capaz para aplicar um golpe vigoroso – como se essa fosse uma tentativa suprema. Sob o império imediato do dano causado, nos comportamos do mesmo modo diante das pessoas que nos ferem. Que se queira chamar a isso um ato de vingança, muito bem, mas não se deve esquecer que é somente o *instinto de conservação* que colocou em movimento a engrenagem da própria razão e que, no fundo, não se pensa naquele que causa o dano, mas somente em si próprio; agimos assim, *não* para prejudicar por nossa vez, mas somente para *colocar* nossa vida a salvo. – Custa *tempo* para passar, na imaginação, de si mesmo ao adversário e para se perguntar de que maneira se poderá tocá-lo no local mais sensível. É o caso da segunda espécie de vingança: é necessário considerar como condição primeira a reflexão que fazemos a respeito da vulnerabilidade e da capacidade de sofrimento do outro; somente então queremos causar dano. Pelo contrário, aquele que se vinga não pensa ainda em garantir-se contra um dano futuro, a ponto de atrair sobre si quase regularmente um novo dano, que ele prevê muitas vezes, aliás, com muito sangue-frio. Se, na primeira espécie de vingança, era o medo do segundo golpe que tornava a resposta tão vigorosa quanto possível, estamos agora diante de uma completa indiferença com relação ao que o adversário *fará* ainda; a força da resposta só é determinada por aquilo que o adversário *já* nos fez. O que ele fez? E que nos importa que sofra agora, depois que nós sofremos por causa dele? Trata-se de uma *reparação*: enquanto o ato de vingança da primeira espécie só servia para a *conservação de si*. Talvez nosso adversário nos tenha feito perder nossa fortuna, nossa posição, nossos amigos, nossos filhos – a vingança não resgata essas perdas, a reparação não se relaciona senão a uma *perda acessória* que é acrescentada a todas as perdas mencionadas. A vingança da reparação não se refere a danos futuros, não repara o dano causado – salvo num só caso. Quando nossa *honra* sofreu pelos atentados do adversário, então cabe à vingança *restabelecê-la*. Mas esse prejuízo é causado de todas as maneiras quando o mal é feito intencionalmente, pois o adversário provou com isso que nos *temia*. Nossa vingança demonstra que nós tampouco o tememos; é nisso que há compensação e reparação. (A intenção de mostrar a ausência completa de *temor* vai tão longe em certas pessoas, que o perigo que a vingança poderia lhes fazer correr – perda da saúde ou da vida ou outros danos – é considerado por elas como uma condição essencial da vingança. É por isso que seguem o caminho do duelo, embora os tribunais estejam à disposição para obter satisfação da ofensa; entretanto, elas não consideram como suficiente uma reparação de sua honra na qual não houvesse perigo, porque uma reparação sem perigo não poderia provar que elas estão desprovidas de temor.) – Na primeira espécie de vingança é precisamente o temor que dá a resposta; aqui, é a ausência de temor que quer *se afirmar* pela resposta. – Nada parece, portanto, mais diferente que a motivação íntima das duas maneiras de agir designadas pelo mesmo termo "vingança": e, apesar de tudo, ocorre muitas vezes que aquele que executa a vingança não se dá conta exata daquilo que, em suma, o impeliu à ação; talvez será por temor e por instinto de conservação que deu a resposta, mas logo, tendo tempo para refletir do ponto de vista da honra ferida, se persuadiu a si mesmo que é por causa de sua honra que se vingou. – Esse motivo é em todo caso mais nobre que o primeiro. Há ainda outro ponto de vista que é importante, o de saber se considera sua honra como ferida aos olhos dos outros (do mundo) ou somente aos olhos do ofensor; neste caso, preferiria a vingança secreta, mas no primeiro caso, a vingança pública. Segundo se sentir forte ou fraco em sua imaginação, na alma do delinqüente e dos espectadores, sua vingança será mais exasperada ou mais amena; se esse gênero de imaginação lhe faltar completamente, não pensará de modo algum em vingança, pois então não possuirá o sentimento de honra e, por conseguinte, nele não se poderia ofender o sentimento. De igual modo, não pensará em vingança quando *desprezar* o ofensor e o espectador da ofensa: visto que os despreza, estes não poderiam lhe dar honra e, por conseguinte, não poderiam ser honrados por ele. Enfim, renunciará também à vingança no caso de modo algum excepcional em que gostasse daquele que o ofende: talvez aos olhos deste essa renúncia trará prejuízo à sua honra e se tornará desse modo menos digno de afeição em troca. Mas renunciar ao amor em troca é também um sacrifício que o amor está pronto a suportar, sob a condição de que não seja coagido a *causar dano* ao objeto de sua afeição; isso seria causar dano a si mesmo mais ainda que esse sacrifício já lhe custa. Portanto, cada um haverá de se vingar, a menos que seja desprovido de honra ou cheio de desprezo ou de amor pelo ofensor que lhe causa dano. Quando se dirige aos tribunais, quer também a vingança como cidadão privado; *além disso*, como membro da sociedade que raciocina e que prevê, vai querer a vingança da sociedade contra alguém que não a respeita. Assim, com a pena jurídica, tanto a doutrina privada como a doutrina social são *restabelecidas*: isso equivale a dizer que a pena é uma vingança. – Há certamente também na punição esse outro elemento da vingança descrito anteriormente, no sentido que, pela punição, a sociedade serve para a *conservação de si* e dá a resposta em sua legítima defesa. A pena quer evitar um dano *futuro*, quer intimidar. Portanto, os dois elementos tão diferentes da vingança estão *associados* na punição e é talvez o que contribui mais para manter essa confusão de idéias que faz com que o indivíduo que se vinga não *saiba* geralmente o que *quer*.

34 – As virtudes do prejuízo

Como membros de certos agrupamentos sociais, cremos não ter o direito de exercer certas virtudes que, como cidadãos privados, nos dão a maior honra e um prazer evidente, por exemplo, a graça e a indulgência contra os perdidos de toda espécie. – Em geral, toda maneira de agir em que a vantagem da sociedade sofreria com nossa virtude. Nenhum colegiado de juízes tem o direito de conceder graça perante sua consciência: cabe somente ao soberano, *como indivíduo*, essa prerrogativa. Nós nos alegramos quando ele faz uso dela para provar realmente que gostaríamos de conceder graça, mas não enquanto sociedade. A sociedade não reconhece, pois, senão as virtudes que lhe são vantajosas ou que pelo menos não lhe causem prejuízo (aqueles que podem ser praticadas sem dano ou mesmo com usura, por exemplo, a justiça). Essas virtudes do prejuízo não podem, portanto, ter nascido na *sociedade*, porquanto ainda agora, no seio da menor aglomeração social que se constitui, a oposição se eleva contra elas. São, pois, virtudes que ocorrem entre os homens que não são iguais, virtudes inventadas pelo indivíduo superior, virtudes próprias do *dominador* com esta segunda intenção: "Sou bastante poderoso para assumir um prejuízo visível, é uma prova de meu poder." – Por conseguinte, virtudes aparentadas do orgulho.

35 – Casuística da vantagem

Não haveria casuística da moral se não houvesse casuística da vantagem. O entendimento mais independente e mais sagaz não é suficiente muitas vezes para escolher entre duas coisas de maneira que a maior vantagem derive da escolha. Em semelhantes casos se escolhe porque é necessário escolher e a seguir uma espécie de náusea do sentimento se apodera da gente.

36 – Tornar-se hipócrita

Todos os mendigos se tornam hipócritas como todos aqueles que fazem sua profissão de uma penúria ou de uma calamidade (quer seja uma calamidade pessoal quer pública). – O mendigo está longe de experimentar sua penúria com tanta intensidade como é obrigado a *fazê-la* experimentar, se quiser viver de mendicância.

37 – Uma espécie de culto das paixões

Vocês, obscurantistas e filósofos soturnos, para acusar o caráter de todo o edifício do mundo, falam do *caráter temível* das paixões humanas. Como se em toda parte onde existir a paixão houvesse também o terror! Como se nesse baixo mundo sempre tivesse de existir esse terror! – Por negligência das pequenas coisas, por falta de observação de si e daqueles que devem ser educados, vocês mesmos deixaram a paixão crescer até que se tornasse um monstro, de modo que passaram a ficar com medo pelo simples fato de pronunciar o termo "paixão". Depende de nós *tirar* das paixões seu caráter temível e fazer de modo a impedi-las de se tornarem torrentes devastadoras. – Não se deve inflar o próprio desprezo até torná-lo uma fatalidade eterna; queremos, pelo contrário, trabalhar lealmente na tarefa de transformar em alegrias todas as paixões da humanidade.

38 – O remorso

O remorso é, como a mordida de um cão numa pedra, uma asneira.

39 – Origem dos direitos

Os direitos remontam geralmente a um *costume*, o costume a uma *convenção* momentaneamente estabelecida. Ocorre uma ou outra vez ficar satisfeito, de parte e de outra, com as conseqüências que resultam de uma convenção formalizada e ocorre também ficar com preguiça de renovar formalmente essa convenção; continua-se assim a viver como se esta tivesse sido sempre renovada e, aos poucos, quando o esquecimento lançou seu véu sobre a origem, acredita-se possuir um edifício sagrado e inabalável, sobre o qual cada geração deve continuar a construir. O costume se tornou então uma *coação*, mesmo quando não tivesse mais a utilidade que se via primitivamente, no momento em que a convenção havia sido estabelecido. – Nisso os fracos encontraram, desde sempre, sua sólida fortaleza: estão inclinados a *eternizar* a convenção aceita uma vez, eternizar o privilégio que lhes foi transmitido.

40 – O significado do esquecimento no sentimento moral

As mesmas ações inicialmente inspiradas na sociedade primitiva pela *utilidade* geral foram realizadas mais tarde por outras gerações por outros motivos, porque se temia e se venerava aqueles que exigiam e recomendavam esses atos ou pelo hábito, porque, desde a infância, se havia visto realizá-los em torno de si, ou ainda por benevolência, porque seu exercício trazia em toda parte a alegria e fisionomias aprovadoras ou, finalmente, por vaidade, porque essas ações eram elogiadas. Semelhantes ações, das quais se *esqueceu* o motivo fundamental, o da utilidade, são então chamadas morais: talvez não porque foram realizadas por esses motivos *diferentes*, mas porque *não* o foram por razões de utilidade consciente. – De onde provém esse ódio pela utilidade que se torna visível quando toda ação louvável se exclui literalmente de toda ação motivada pela utilidade? – É evidente que a sociedade, o lar de toda moral e de todo elogio em favor dos atos morais, teve de lutar muito tempo e muito duramente com o interesse particular e com a obstinação do indivíduo para não terminar por considerar como superior do ponto de vista moral qualquer outro motivo que não fosse a utilidade. É assim que surge a aparência que leva a crer que a moral não derivou da utilidade, quando, na realidade, não é outra coisa, no início, senão a utilidade pública que teve grande dificuldade em se fazer valer e em ser levada em consideração contra todas as utilidades privadas.

41 – A riqueza hereditária da moralidade

Há também uma riqueza hereditária no domínio moral; é possuída pelos mansos, caridosos, benevolentes, compassivos que herdaram de seus ancestrais todos os bons *procedimentos*, mas não a razão (que é a fonte dos mesmos). O encanto dessa riqueza é que se deve prodigalizá-la sem cessar para levar a auferir seus benefícios e também porque ela trabalha desse modo involuntariamente para reduzir as distâncias entre a riqueza e a pobreza morais: o mais singular e excelente é que essa aproximação não seja feita em favor de uma média futura entre pobre e rico, mas em favor de uma riqueza e de uma abundância *universais*. – Pode-se resumir aproximadamente dessa maneira a opinião corrente sobre a riqueza moral hereditária. Mas me parece que essa opinião é mantida antes *in majorem gloriam* (para a maior glória) da moralidade do que para a honra da verdade. A experiência pelo menos estabelece um axioma que, se não é uma refutação dessa generalidade, pode pelo menos ser considerado como uma restrição significativa. Segundo a experiência, sem uma razão escolhida, sem a faculdade da escolha mais sutil e uma *forte disposição à medida*, aqueles que possuem uma riqueza moral por herança se tornam os dissipadores da moralidade: abandonando-se sem reserva a seus instintos de compaixão, de caridade, de benevolência e de conciliação, eles tornam a todos que os cercam mais negligentes, mas exigentes e mais sentimentais. É por isso que os filhos de semelhantes dissipadores morais são facilmente – e, no melhor dos casos, infelizmente – uns fracos e agradáveis capazes de nada.

42 – O juiz e as circunstâncias atenuantes

"Deve-se também ser honesto para com o diabo e pagar as próprias dívidas", passou a dizer um velho soldado quando lhe contaram com alguns poucos pormenores a história de Fausto[13]. "Fausto deve ir para o inferno!" – "Vocês são terríveis, vocês homens! exclamou sua mulher. Como será possível? Nada fez, a não ser que faltou tinta em seu tinteiro! Certamente é um pecado escrever com o próprio sangue, mas não é o suficiente para condenar assim um belo homem a sofrer as torturas do inferno!"

(13) Personagem que vendeu a alma ao diabo, assinando o contrato com o próprio sangue. Embora tema recorrente na literatura alemã, foi Johann Wolfgang von Goethe (1749-1832) que o tornou famoso em sua obra intitulada precisamente *Fausto* (NT).

43 - Problema do dever e da verdade

O dever é um sentimento imperioso que impele à ação, um sentimento que chamamos bom e que consideramos indiscutível (não falamos e não nos agrada que se fale de suas origens, de seus limites e de sua justificativa). Mas o pensador considera qualquer coisa como o resultado de uma evolução e tudo o que "se tornou" discutível; é, portanto, o homem sem dever – enquanto não é pensador. Como tal, ele não aceitaria, portanto, tampouco o dever de considerar e de dizer a verdade e não experimentaria esse sentimento; ele se perguntaria: de onde ela vem? Para onde vai? – Mas essas mesmas perguntas são consideradas por ele como problemáticas. Ora, não teria melhor resultado se a máquina do pensador não funcionasse bem, se pudesse verdadeiramente se considerar como *irresponsável* na busca do conhecimento? Nesse sentido, poder-se-ia dizer que, para *alimentar* a máquina, é necessário o mesmo elemento que deve ser examinado por meio desta. – A fórmula poderia talvez se resumir admitindo que existe um dever de reconhecer a verdade; qual é então a verdade com relação a toda outra espécie de dever? – Mas um sentimento hipotético do dever não é um contra-senso?

44 - Graus da moral

A moral é em primeiro lugar um meio para conservar a comunidade e para preservá-la de sua destruição; em segundo lugar, é um meio para conservar a comunidade em certo nível e para lhe guardar certo valor. Os motivos de conservação são o *temor* e a *esperança*, motivos tanto mais poderosos e tanto mais grosseiros quanto a inclinação para as coisas falsas, exclusivas e pessoais está ainda muito viva. É necessário servir-se aqui dos meios de intimidação mais espantosos, uma vez que os meios mais benignos não fazem efeito algum e porque essa dupla maneira de conservação não pode ser atingida de outra forma (um desses meios mais violentos é a invenção de um além com um inferno eterno). Sente-se necessidade das torturas da alma e de carrascos para executar essas torturas. Outros graus da moral, outros meios para chegar ao objetivo indicado são representados pelos mandamentos de um deus (como a lei mosaica); outros ainda, graus superiores, pelos mandamentos de uma idéia do dever absoluto com o famoso "tu deves". – Esses são os degraus, grosseiramente talhados, mas degraus *largos*, visto que os homens não sabem ainda pôr seus pés em degraus mais estreitos e mais delicados. Em seguida vem uma moral da *inclinação*, do *gosto*, e finalmente aquela da *inteligência* – que está acima de todos os motivos ilusórios da moral, mas que se deu conta de que por muito tempo não foi possível para a humanidade ter outros.

45 – A moral da compaixão na boca dos imoderados

Todos aqueles que não se possuem de modo suficiente a si mesmos e que não vêem na moral uma constante dominação de si exercida sem cessar, com maior ou menor força, se tornam involuntariamente os glorificadores dos impulsos de bondade, de compaixão e de benevolência, peculiares dessa moralidade instintiva que não possui cabeça, mas que parece composta somente de um coração e de mãos auxiliadoras. É até mesmo de seu interesse pôr sob suspeita uma moralidade da razão e querer atribuir um valor universal a essa outra moralidade.

46 – Cloacas da alma

A alma também deve ter suas cloacas particulares por onde escorre suas imundícies. Muitas coisas podem servir para isso: pessoas, relações, classes sociais, talvez a pátria, ou ainda o mundo, ou enfim, para os mais orgulhosos (quero dizer nossos bons "pessimistas" modernos) – o bom Deus.

47 – Uma forma de repouso e de contemplação

Cuide para não fazer parecer seu repouso e sua contemplação àqueles do cão diante da vitrina de um açougue. O medo não lhe permite avançar, o desejo o impede de recuar e abre grandes olhos que parecem uma goela escancarada.

48 – A proibição sem fundamento

Uma proibição de que não compreendemos ou não admitimos as razões é quase uma ordem, não somente para o obstinado, mas também para o sedento de conhecimento: tenta-se a experiência de descobrir *por que* a interdição foi feita. As proibições morais, como aquelas do Decálogo, só são convenientes durante as épocas em que a razão é dominada. Agora, uma proibição tal como "não matarás", "não cometerás adultério", apresentada sem motivos, teria antes um efeito prejudicial que um efeito útil.

49 – Características

Que homem pode dizer de si mesmo: "Acontece muitas vezes comigo desprezar, mas nunca odeio. Em cada homem encontro sempre alguma coisa honrosa e por causa disso o honro: aquilo que se costuma chamar qualidades amáveis me atrai pouco."

50 – Compaixão e desprezo

Manifestar compaixão é considerado como um sinal de desprezo, pois se deixou visivelmente de ser objeto de *temor* desde o momento que se testemunha compaixão. Caímos então abaixo do nível do equilíbrio, enquanto que na realidade esse nível não é suficiente para a vaidade humana e porque somente a preponderância e o temor que inspiramos proporcionam à alma o sentimento mais desejado. Devemos, portanto, nos pôr o problema de saber como surgiu a avaliação da compaixão e como devemos explicar os *elogios* que agora prodigalizamos com desinteresse; no estado primitivo, o desinteresse é desprezado ou dele são temidas as emboscadas.

51 – Saber ser pequeno

Perto das flores, da erva e das borboletas, devemos saber abaixar-nos à altura de uma criança que mal as ultrapassa. Mas nós, de idade, crescemos acima dessas coisas e devemos nos curvar até elas; creio que a erva nos odeie quando confessamos o amor que temos por ela. – Aquele que quiser tomar parte em todas as coisas boas deve também se dispor a ter horas em que é pequeno.

52 - Imagem da consciência

O conteúdo de nossa consciência é a única coisa que, durante os anos de nossa juventude, nos foi *exigida* regularmente e sem razão por pessoas que venerávamos e temíamos. É, portanto, da consciência que vem esse sentimento de obrigação ("devo fazer tal coisa, não devo fazer tal outra") que não pergunta *por que* deve ser assim. – Em todos os casos em que uma coisa é feita "por que" e "porque", o homem age *sem* consciência, mas não é também uma razão para que aja contra sua consciência. – A fé na autoridade é a fonte da consciência: esta não é, portanto, a voz de Deus no peito do homem, mas a voz de alguns homens no homem.

53 - Dominação das paixões

O homem que dominou suas paixões tomou posse do solo mais fecundo, do mesmo modo que o colono se tornou senhor das florestas e dos pântanos. *Semear* em terreno de paixões vencidas a semente das boas obras espirituais é então a tarefa mais urgente e mais próxima. Dominar não passa de um *meio*, não um objetivo, senão, toda espécie de ervas daninhas e de sortilégios começam a vingar no solo fecundo posto a cultivo e logo tudo isso começa a pulular com mais loucura que antes.

54 - A habilidade de servir

Todos os homens que chamamos práticos têm uma habilidade particular para servir: é precisamente isso que os torna práticos, quer para os outros, quer para consigo mesmos. Robinson possuía um servidor melhor ainda que sexta-feira: era Crusoé[14].

(14) *Robinson Crusoé*, obra de Daniel Defoe (1661-1731), escritor inglês (NT).

55 - Perigo da linguagem para a liberdade intelectual

Toda palavra é um preconceito.

56 - Espírito e aborrecimento

Este provérbio faz refletir: "O húngaro é preguiçoso demais para se aborrecer." Somente os animais mais bem organizados e mais ativos começar a ser capazes de aborrecimento. – Que belo tema é o *aborrecimento de Deus* no sétimo dia da criação para um grande poeta.

57 - Em contato com os animais

Podemos observar a formação da moral pela maneira como nos comportamos com os animais. Quando a utilidade e o dano não entram em *jogo*, experimentamos um sentimento de completa irresponsabilidade; matamos e ferimos, por exemplo, insetos ou os deixamos viver geralmente sem sequer pensarmos neles. Somos tão inábeis, que nossas gentilezas para com as flores e pequenos animais são quase sempre mortíferas, o que não estraga de modo algum o prazer que sentimos nisso. – Hoje é a festa dos pequenos animais, o dia mais acabrunhador do ano: vejam como tudo isso fervilha e sobe em torno de nós e, sem fazê-lo de propósito, mas também sem tomar o menor cuidado, esmagamos, ora aqui, ora acolá, um pequeno verme ou um pequeno inseto enfeitado. – Quando os animais nos causam prejuízo, desejamos por todos os meios sua *destruição*. E esses meios são muitas vezes bem cruéis, sem que essa seja nossa intenção: é a crueldade da irreflexão. Se forem úteis, nós os exploramos, até que uma razão mais sutil nos ensina que, de certos animais, podemos tirar proveito por um tratamento diferente, ou seja, por meio de cuidados e criação. Somente então é que surge a responsabilidade. A respeito dos animais, evitamos os tratamentos bárbaros; um homem se revolta quando vê alguém se mostrar implacável com a vaca, em conformidade absoluta com a moral da comunidade primitiva que vê a utilidade *geral* em perigo a partir do momento em que um indivíduo comete uma falta. Na comunidade, aquele que percebe um delito teme o dano indireto para ele; nós tememos a qualidade da carne, o cultivo da terra, os meios de comunicação quando vemos maltratar os animais. Além disso, quem é brutal com os animais desperta a suspeita de que seja igualmente brutal para com os fracos, homens inferiores e incapazes de vingança; passa por faltar de nobreza e de sobranceria delicada. Assim se forma um começo de juízo e de sentido moral: a superstição acrescenta a isso a melhor parte. Certos animais incitam o homem por olhares, vozes e atitudes a se ver transferido na imaginação para o corpo desses animais e certas religiões ensinam a ver, às vezes, no animal a morada das almas dos homens e dos deuses; é por isso que recomendam nobres precauções e mesmo um temor respeitoso nas relações com os animais. Mesmo que essa superstição desapareça, os sentimentos despertados por ela continuam seus efeitos, amadurecem e dão seus frutos. Sabe-se que desse ponto de vista o cristianismo mostrou que era uma religião pobre e retrógrada.

58 – Novos atores

Não há maior banalidade entre os homens que a morte; em segundo lugar, está o nascimento, porque, sem nascer, não se pode morrer; em seguida, o casamento. Mas todas essas pequenas tragicomédias que são representadas, em cada uma de suas apresentações infinitamente numerosas, são sempre interpretadas por novos atores e não cessam, por conseguinte, de ter espectadores interessados, quando se deveria antes acreditar que todos os espectadores deste vale terrestre já teriam acumulado tal aborrecimento com isso, que já se teriam enforcado em todas as árvores. Os novos atores importam, mas tão pouco a peça!

59 – O que é "ser obstinado"?

O caminho mais curto não é o reto, mas aquele pelo qual o vento mais favorável infla nossa vela: é o que ensinam as regras de navegação. Não obedecer a elas é ser obstinado: a firmeza de caráter é perturbada pela loucura.

60 – A palavra "vaidade"

É deplorável que certas palavras, de que nós moralistas não podemos absolutamente prescindir, já tragam nelas uma espécie de censura dos costumes, datando da época em que os impulsos mais simples e mais naturais do homem foram desnaturados. Assim, a convicção fundamental de que navegamos ou naufragamos nas ondas da sociedade bem mais por aquilo que somos (convicção que deve nos servir de leme para tudo o que empreendemos na sociedade) é designada e estigmatizada com a palavra "vaidade"; *vanitas* (vaidade) se refere a uma das coisas mais pesadas e mais conseqüentes, designada por uma expressão que a faz aparecer como aquilo que há de mais vazio e de mais fútil, uma grande coisa à qual se empresta os traços de uma caricatura. Mas isso não serve para nada, devemos empregar termos semelhantes ao tapar nossos ouvidos às insinuações dos antigos hábitos.

61 – Fatalismo turco

O fatalismo turco tem esse defeito fundamental, ou seja, coloca um perante o outro, o homem e a fatalidade, como duas coisas absolutamente distintas: o homem, dizem os turcos, pode resistir à fatalidade e procurar reduzi-la a nada, mas ela acaba sempre por cantar vitória; o mais razoável é resignar-se ou viver à sua sombra. Na realidade, cada homem é ele próprio uma parcela da fatalidade; se julga se opor à fatalidade dessa maneira é que, aí também, a fatalidade se realiza; a luta só é imaginária, mas imaginária é também essa resignação ao destino, de modo que todas essas quimeras estão incluídas na fatalidade. – O temor que toma conta da maioria dos homens diante da doutrina da vontade não livre é, em suma, o temor do fatalismo turco; eles pensam que o homem vai se tornar fraco e resignado, que vai juntar as mãos diante do futuro, porque não pode mudar grande coisa dele; ou também, vai deixar os guias seguir seu humor caprichoso, porque nada poderá agravar daquilo que foi determinado de antemão. As loucuras do homem fazem parte da fatalidade tão bem como seus atos de elevada sabedoria; esse medo da crença na fatalidade é também fatalidade. Tu mesmo, pobre ser temeroso, és a invencível *Moira*[15] que troveja acima de todos os deuses; para tudo o que diz respeito ao futuro, és a bênção ou a maldição e em todos o entrave que mantém o homem mais forte; em ti todo o futuro do mundo humano é predeterminado, não serve para nada ser tomado de terror diante de ti mesmo.

62 - Advogado do diabo

"Só nos tornamos *sábios* por causa de nossa própria desgraça, não nos tornamos *bons* senão pela desgraça dos outros" – é assim que fala essa filosofia singular que faz derivar toda moralidade da compaixão e toda intelectualidade do isolamento dos homens: ela intercede inconscientemente por todas as degradações terrestres. De fato, a compaixão tem necessidade do sofrimento e o isolamento, do desprezo dos outros.

63 - As máscaras de caráter moral

Nos tempos em que as máscaras caracterizavam e eram peculiares às diferentes classes sociais acabam sendo definitivamente fixadas, do mesmo modo que as próprias classes; diante disso, os moralistas serão induzidos a considerar também como absolutas as máscaras de caráter moral e, por conseguinte, passam a desenhá-las. É assim que Molière[16] é inteligível como contemporâneo da sociedade de Luís XIV[17]; em nossa época de transições e de estados intermediários, Molière seria visto como um pedante genial.

64 - A virtude mais nobre

Na primeira fase da humanidade superior, a bravura é considerada como a virtude mais nobre; na segunda, a justiça; na terceira, a moderação; na quarta, a sabedoria. Em fase vivemos *nós*? Em qual vives *tu*?

---

(15) Na mitologia grega, Moira era uma força misteriosa que se impunha até mesmo aos deuses; era identificada com o destino (NT).

(16) Jean-Baptiste Poquelin, dito Molière (1622-1673), dramaturgo francês (NT).

(17) Luís XIV (1638-1715), rei da França de 1643 a 1715 (NT).

65 – O que é primeiramente necessário

Um homem que não quer se tornar senhor de sua ira, de seus acessos de ódio e de vingança, nem de sua luxúria, e que apesar disso aspira a se tornar senhor em que quer que seja é tão tolo como o agricultor que prepara seu campo de cultivo às margens de um riacho, sem se garantir contra este.

66 – O que é a verdade?

Schwarzert (Melâncton)[18]: Proclama-se muitas vezes a própria fé quando precisamente se acabe de perdê-la e passa-se a procurá-la em todas as ruas – e não é então que a gente a proclama com menos ardor!

Lutero[19]: Dizes a verdade hoje, meu irmão, e falas como se fosses um anjo!

Schwarzert: Mas essa é exatamente a idéia de teus inimigos e eles a aplicam a ti.

Lutero: Então é uma mentira saída das entranhas do diabo!

67 – Hábito dos contrastes

A observação superficial e inexata vê contrários na natureza (por exemplo, a oposição entre "quente" e "frio"), em toda parte onde não há contrários, mas somente diferenças de grau. Esse mau hábito nos impeliu a querer compreender também e separar segundo esses contrários a natureza interior, o mundo moral e intelectual. O sentimento humano se carregou de infinitas dores, de usurpações, de durezas, de alienações, de esfriamentos porque se acreditava ver contrários onde só havia transições.

68 – Se é possível perdoar

Como se pode perdoar se eles não sabem o que fazem! Não há então absolutamente nada a perdoar. – Mas alguém *sabe* sempre *com-*

(18) Philipp Schwarzert, dito Melâncton (2497-1560), teólogo, reformador e humanista alemão, foi companheiro de Lutero, substituindo-o inclusive na direção do movimento após a morte deste (NT).

(19) Martinho Lutero (1483-1546), teólogo e reformador alemão, principal responsável pela cisão do cristianismo ocidental no século XVI (NT).

pletamente o que faz? E se sua ação permanece pelo menos sempre *problemática*, os homens nunca têm nada a se perdoar e conceder graça é para o homem a mais razoável coisa impossível. No final das contas, se os criminosos tivessem verdadeiramente sabido o que faziam, também nós só teríamos o direito de *perdoar* se tivéssemos um direito de acusar e de punir. Mas não o temos.

69 - Vergonha habitual

Por que sentimos vergonha quando nos atribuem um favor e uma distinção que, segundo a expressão corrente, "não merecemos"? Parece-nos então que nos impelem para um domínio onde não nos sentimos em nosso lugar, de onde deveríamos ser excluídos, de algum modo num lugar santo ou muito santo que nosso passo não deveria ultrapassar. Por um erro dos outros, penetramos nele e agora somos subjugados, seja pelo temor, seja pela veneração, e não sabemos se devemos fugir ou desfrutar desse instante abençoado e da vantagem que nos é dada de graça. Em toda vergonha há um mistério que é profanado por nós ou que parece estar em perigo de ser profanado; toda *graça* gera vergonha. – Mas se considerarmos que, de maneira geral, nunca "merecemos" nada, para o caso em que nos abandonássemos a essa idéia no círculo das concepções *cristãs*, o sentimento de *vergonha* se tornaria *habitual*, porque Deus então pareceria abençoar *sem cessar* e exercer sua graça. Abstração feita, porém, dessa interpretação cristã, esse estado de *vergonha habitual* seria ainda possível para o sábio totalmente ímpio que sustenta a altiva irresponsabilidade e a ausência de mérito em toda ação e em toda organização; se o tratarmos como se tivesse merecido essa ou aquela coisa, parece que é introduzido numa ordem superior de seres que, de maneira geral, *merecem* alguma coisa, que são livres e verdadeiramente capazes de assumir a responsabilidade de seu querer e de seu poder. Aquele que disser a esse sábio "tu o mereceste" parece apostrofá-lo desse modo: "Tu não és um homem, mas um deus."

70 - O educador mais desajeitado

Neste, todas as virtudes verdadeiras estão plantadas no terreno de seu espírito de contradição; naquele, em sua incapacidade de dizer não, portanto, em seu espírito de aprovação; um terceiro fez crescer toda a sua moralidade em sua altivez solitária; um quarto cultivou a sua em seu instinto violento de sociabilidade. Admitindo a partir de então que, por causa de educadores desajeitados e por causa de acasos nefastos, as sementes da virtude não tenham sido semeadas, nos quatro, no solo de sua natureza, esse solo, o mais rico e mais fecundo neles, eles se teriam tornado homens sem moralidade, fracos e desagradáveis. E qual teria sido precisamente o mais desajeitado de todos os educadores e qual o mau destino desses quatro homens? O fanático moral que acredita que o bem só pode sair do bem, só pode crescer no bem.

71 - Estilo

A – Mas se todos soubessem isso, seria prejudicial para *a maioria* deles. Tu mesmo consideraras essas opiniões perigosas para aquele que está em perigo e, no entanto, fazes parte delas publicamente!

B – Escrevo de maneira que nem o povo simples, nem os *populi* (povos), nem os partidos de todos os gêneros tenham vontade de ler. Por conseguinte, essas opiniões jamais serão públicas.

A – Mas como escreves, pois?

B – Nem de forma útil, nem de forma agradável, para os três mencionados há pouco.

72 - Missionários divinos

Sócrates também se sentia investido de uma missão divina; mas não sei mesmo por qual veleidade de ironia ática e de prazer pela brincadeira ainda se faz sentir nele, veleidade com a qual se atenua esse conceito fatal e pretensioso. Ele fala sem unção: suas imagens do freio e do cavalo são simples e nada têm de sacerdotal, e a verdadeira missão religiosa que se impôs – pôr o deus *à prova* de cem maneiras para saber se disse a verdade – permite concluir por uma atitude indulgente e livre que o missionário toma para se colocar ao lado de seu deus. Essa forma de pôr o deus à prova é um dos mais sutis compromissos que se possa imaginar entre a piedade e a liberdade de espírito. – Agora não temos mais necessidade desse compromisso.

73 - Pintura honesta

Rafael[20], que tinha a Igreja em grande consideração (por pouco que ela pudesse lhe pagar), ma em muito pouca, como os melhores de seu tempo, pelos objetos da fé cristã, não deu um único passo em falso para seguir a piedade exigente e extática de alguns de seus clientes; foi honesto com eles, mesmo nesse quadro excepcional que foi primitivamente destinado a uma bandeira de procissão, a *Madonna* da Capela Sistina. Lá lhe veio a idéia de pintar uma visão: mas uma visão como a de nobres jovens sem "fé" podem ter também e a terão certamente, a visão da esposa do futuro, de uma mulher inteligente, de alma nobre, silenciosa e muito bela, carregando seu recém-nascido nos braços. Se os anciãos que estão acostumados às orações e às adorações, como o digno velho da esquerda, veneram aqui algo de sobre-humano, nós jovens – parece nos dizer isso também Rafael – preferimos a bela jovem da direita que, com seu olhar provocante e de modo algum devoto, se dirige aos espectadores do quadro como para lhes insinuar: "Não é? Essa mãe e seu filho é um espetáculo cheio de agrado e convidativo?" Esse rosto e esse olhar lançam um reflexo de alegria na fisionomia daqueles que o contemplam; é uma maneira de desfrutar de si mesmo pelo artista que inventou tudo isso e acrescenta sua própria alegria à alegria daqueles que desfrutam de sua arte. – Pela expressão "messiânica" na cabeça de um menino, Rafael, o homem honesto que não queria pintar os estados de alma em cuja existência não acreditava, conseguiu circundar de uma forma amável seus admiradores crentes; pintou esse jogo da natureza que não é raro, o olho do homem sobre a cabeça do menino, esse olho do homem bravo e seguro que descobre uma miséria. Para semelhantes olhos é necessária uma barba; a ausência desta e a união de duas idades diferentes se exprimindo num mesmo rotos, aí está o paradoxo agradável que os crentes interpretaram no sentido de sua crença no milagre; de igual modo o artista esperava por isso, visto sua arte de interpretar e de interpolar.

(20) Raffaello Sanzio (1483-1520), pintor e arquiteto italiano, uma das maiores figuras do Renascimento ; trabalhou algum tempo em Florença, mas foi em Roma que executou a maioria de suas obras, tanto na pintura como na arquitetura (NT).

74 - A oração

Somente sob duas condições a oração – esse costume de tempos remotos que ainda foi inteiramente extinta – pode ter um sentido: seria necessário que fosse possível determinar ou mudar o sentimento da divindade e que aquele que reza saiba muito bem o que lhe falta, o que para ele seria realmente desejável. Essas duas condições, aceitas e transmitidas por todas as outras religiões, foram exatamente negadas pelo cristianismo. Apesar disso, se o cristianismo conservasse a oração paralelamente à fé numa razão onisciente e previdente de Deus – caso em que a oração perde seu alcance e se torna até mesmo blasfematória – mostraria ainda sua admirável astúcia de serpente. De fato, um mandamento claro "não orarás" teria impelido os cristãos por aborrecimento à impiedade. No axioma cristão "*ora et labora*" (ora e trabalha), o *ora* substitui o *prazer*; e que se teriam tornado sem o *ora* esses infelizes que recusaram o *labora*, os santos? – Mas entreter-se com Deus, pedir-lhe mil coisas agradáveis, brincar um pouco consigo mesmo ao perceber que ainda se podia ter desejos, apesar de um pai tão perfeito – essa seria para os santos uma excelente invenção.

75 - Uma santa mentira

A mentira que teve nos lábios Arrias moribundo (*Paete, non dolet*[21]) obscurece todas as verdades que algum dia tenham sido ditas por moribundos. É a única mentira piedosa que se tornou célebre, enquanto que o odor de santidade se havia unido somente a *erros*.

76 - O apóstolo mais necessário

Entre doze apóstolos, é sempre necessário que haja um que seja duro como pedra para que a nova Igreja possa ser edificado sobre ele.

(21) *Paetus, não dói!* É a frase que a senhora romana Arrias diz a seu esposo, cravando o punhal no peito, para encorajar seu marido, Caecina Paetus, condenado pelo imperador e hesitando em se suicidar; esse fato, ocorrido no ano 42 d.C., é narrado por Marcial (Marcus Valerius Martialis – 40-104) em *Epigrammata*, I, 13, 3-4 (NT).

77 - Qual é mais perecível, o espírito ou o corpo?

Nas coisas jurídicas, morais e religiosas, o que há de mais externo, mais concreto, portanto, o uso, a atitude, a cerimônia tem maior duração: é o *corpo* ao qual sempre se acrescenta uma *alma* nova. O culto, como um texto de termos fixos, é sem cessar interpretado de novo; as idéias e os sentimentos são o que há de flutuante, os costumes são o que há de duro.

78 - A fé na doença, uma doença

O cristianismo foi o primeiro a pintar o diabo no edifício do mundo; o cristianismo foi o primeiro a introduzir o pecado no mundo. A fé nos remédios que oferecia em troca foi abalada aos poucos até em suas raízes mais profundas, mas sempre persiste a fé na *doença* que ensinou e difundiu.

79 - Palavra e escrita dos religiosos

Se o estilo e a expressão geral do padre, falando e escrevendo, já não anunciam o homem *religioso*, é inútil levar a sério suas opiniões sobre a religião e em favor da religião. São *sem força* para aquele que as professa se, como seu estilo o comprova, ele possui a ironia, a pretensão, a maldade, o ódio e todas as tergiversações dos estados de alma que são o peculiar dos homens menos religiosos – como serão também sem força para seus ouvintes e seus leitores. Em resumo, ele se prestará para torná-los menos religiosos.

80 - Perigo na pessoa

Quanto mais Deus foi considerado uma pessoa à parte, tanto menos se tem sido fiel a ele. Os homens se apegam mais às imagens de seu pensamento do que a seus bem-amados mais caros: é por isso que se sacrificam pelo Estado, pela Igreja e também por Deus, para que ele permaneça *sua* criação, seu *pensamento* e para que não seja tomado de uma forma demasiado pessoal. Neste último caso, discutem quase sempre com ele; o mais piedoso dentre eles deixou escapar estas palavras amargas[22]: "Meu Deus, por que me abandonaste?"

81 - A justiça do mundo

É possível fazer sair de seus gonzos a justiça do mundo – com a doutrina da irresponsabilidade absoluta e da inocência de cada um; e uma tentativa nesse sentido já foi feita – justamente em virtude da doutrina contrária, aquela da completa responsabilidade e da culpabilidade de cada um. Foi o fundador do cristianismo que quis suprimir a justiça do mundo e extirpar do mundo o julgamento e a punição. De fato, ele interpretava toda culpabilidade como um "pecado", isto é, como uma falta contra *Deus* e não como uma falta contra o mundo; por outro lado, considerava cada um na mais ampla medida e quase sob todos os aspectos como um pecador. Os culpados, contudo, não devem ser os juízes de seus semelhantes; é desse modo que definia seu espírito de equidade. *Todos* os juízes da justiça do mundo eram, portanto, a seus olhos, tão culpados como aqueles que eles condenavam e seu ar de inocência lhe parecia hipócrita e farisaico. Além do mais, olhava os motivos das ações e não o sucesso e, para julgar esses motivos, só havia um que possuía a perspicácia necessária: ele próprio (ou, como enunciava: Deus).

82 - Uma afetação na despedida

Aquele que quer se desligar de um partido ou de uma religião imagina que é necessário refutá-los. Essa, porém, é uma pretensão orgulhosa. É somente necessário que conheça exatamente as ligações que o retinham até o momento a esse partido ou a essa religião, ligações que agora não existem mais, intenções que o impeliam nessa via e que agora o impelem para outro local. Não foi pelas *razões rigorosas do conhecimento* que nós nos colocamos do lado de tal partido ou de tal religião; não deveríamos, ao nos despedirmos, *afetar* essa atitude.

(22) Palavras de Cristo na cruz, referidas no Evangelho de Mateus, XXVII, 46 (NT).

83 – Salvador e médico

O fundador do cristianismo, como conhecedor da alma humana, não estava, como é evidente, ao abrigo dos mais graves defeitos e dos maiores preconceitos e, como médico da alma, estava apegado à crença profana de uma medicina universal. Em seu método se assemelha às vezes a esse dentista que quer curar todas as dores arrancando os dentes; é o caso, por exemplo, quando luta contra a sensualidade com o conselho: "Se teu olho te escandaliza, arranca-o." – Mas há, contudo, uma diferença: o dentista pelo menos atinge seu objetivo, suprimir a dor de seu paciente, embora o faça de uma maneira tão grosseira que se torna ridículo; ao passo que o cristão que obedece a semelhantes conselhos e que acredita ter matado a sensualidade, se engana, pois ela sobrevive de uma forma misteriosa e vampiresca e o atormenta sob disfarces repugnantes.

84 – Os prisioneiros

Certa manhã os prisioneiros saíram para o local de trabalho; o guarda estava ausente. Alguns se dirigiram imediatamente ao trabalho como de costume, os outros permaneciam inativos e lançavam em torno deles olhares de desafio. Então um deles saiu das fileiras e disse em voz alta: "Trabalhem quanto quiserem ou não façam nada, não faz diferença nenhuma. Suas maquinações secretas foram reveladas, o guarda da prisão os surpreendeu e muito breve vai pronunciar sobre suas cabeças um julgamento terrível. Vocês o conhecem; ele é duro e rancoroso. Escutem, porém, o que vou dizer: até agora vocês me desprezaram, não sou o que pareço ser. Bem mais, sou filho do carcereiro e tenho poder junto dele. Posso salvá-los, quero salvá-los. Mas, bem entendido, vou salvar somente aqueles que *acreditam* que sou o filho do carcereiro. Que os outros colham os frutos de sua incredulidade." – "Pois bem! diz, depois de um momento de silêncio, um dos antigos prisioneiros, que importância tem para ti que acreditemos em ti ou não? Se és realmente o filho e se podes fazer o que dizes, intercede em nosso favor por uma boa palavra e farás verdadeiramente uma boa obra. Mas deixa de lado esses discursos referentes à fé e à incredulidade!" – "Não acredito em nada disso, interrompe um dos jovens. Ele encheu sua cabeça de idéias. Aposto que dentro de oito dias vamos estar ainda aqui, exatamente como hoje, e que o carcereiro da prisão não sabe nada disso." – "E se realmente soubesse de alguma coisa, não sabe mais nada agora, exclamou o último dos prisioneiros que acabava de descer para o pátio, pois o carcereiro acaba de morrer subitamente." – "Oba! exclamaram vários prisioneiros ao mesmo temo, oba! O filho, senhor, o filho! Onde está a herança? Somos agora talvez teus prisioneiros?" – "Eu lhes disse, respondeu suavemente aquele que era criticado, vou deixar em liberdade cada um daqueles que acreditarem em mim, eu o afirmo com tanta certeza como afirmo que meu pai está vivo ainda." Os prisioneiros não riram, mas deram de ombros e deixaram tudo como estava.

85 – O perseguidor de Deus

Paulo[23] formulou a idéia e Calvino[24] a desenvolveu: desde toda a eternidade a condenação foi atribuída a um número incalculável de homens e esse maravilhoso plano universal foi elaborado assim para que a glória de Deus possa se manifestar nisso: o céu e o inferno e a humanidade deviam, portanto, existir – para satisfazer a vaidade de Deus! Que vaidade cruel e insaciável deve ter se acendido na alma daquele que foi o primeiro, ou o segundo, a imaginar isso! – Paulo ficou, apesar de tudo, Saulo – o *perseguidor de Deus.*

86 – Sócrates

Se tudo vai bem, virá um tempo em que, para progredir no caminho da moral e da razão, antes que a Bíblia, se deverá tomar nas mãos os *Memoráveis* de Sócrates[25] e em que se vai considerar Montaigne[26] e Horácio[27] como iniciadores e guias para a compreensão desse sábio

(23) Saulo de Tarso, depois Paulo de Tarso (5?-67), apóstolo de Cristo, embora não tivesse feito parte dos doze; inicialmente intrépido perseguidor dos cristãos, depois de convertido se tornou o verdadeiro fundador prático do cristianismo e o formulador da doutrina teológica dessa religião (NT).

(24) João Calvino (1509-1564), reformador do cristianismo, estabeleceu uma república teocrática na cidade de Genebra, Suíça (NT).

(25) Sócrates (470-399 a.C.), filósofo grego, mestre de Platão; não deixou nenhuma obra escrita e seu pensamento foi transmitido por seus discípulos, particularmente por Platão (NT).

(26) Michel Eyquem de Montaigne (1533-1592), escritor e pensador francês (NT).

(27) Quintus Horatius Flaccus (65-8 a.C.), poeta latino (NT).

mediador, o mais simples e mais imperecível de todos, Sócrates. Para ele convergem as vias das diferentes regras filosóficas que são, em resumo, as regras dos diferentes temperamentos fixados pela razão e pelo costume, tendo todas o cimo voltado para a alegria de viver e a alegria que se tem com seu próprio eu; disso se poderia pretender concluir que o que Sócrates teve de mais peculiar foi sua participação em todos os temperamentos. – Sócrates é superior ao fundador do cristianismo por sua alegre maneira de ser sério e por essa sabedoria repleta de contentamento, que é o mais belo estado de alma do homem. Além do mais, seu entendimento era superior.

87 – Aprender a escrever bem

O tempo do falar bem passou, porque a época da civilização das cidades não existe mais. O último limite que Aristóteles[28] traçava a uma grande cidade – o arauto devia poder se fazer ouvir diante de todos os cidadãos reunidos – esse limite nos diferenciam como ocorre nos municípios: queremos nos tornar dar a entender mesmo além das nações. É por isso que cada um daqueles que têm boas idéias européias deve aprender a *escrever bem e sempre melhor*: disso não se escapa, mesmo que tenhamos nascido na Alemanha, onde se considera que é um privilégio escrever mal. Mas escrever melhor significa ao mesmo tempo pensar melhor; descobrir coisas que são sempre mais dignas de serem comunicadas e saber verdadeiramente comunicá-las; ser traduzível na língua dos vizinhos; tornar-se acessível à compreensão desses estrangeiros que aprendem nossa língua; fazer de modo que tudo aquilo que está bem se torne universal e que tudo se torne livre para os homens livres; *preparar*, enfim, esse estado de coisas ainda distante em que os bons europeus se aplicarão a sua grandiosa tarefa: a direção e a vigilância da civilização universal na terra. – Aquele que pregar o contrário e que não se preocupar em escrever bem e ler bem – essas duas virtudes aumentam e diminuem ao mesmo tempo – indica efetivamente aos povos a via que os levará a tornar-se cada vez mais *nacionais*: aumenta a doença deste século e se opõe como inimigo aos bons europeus, aos espíritos livres.

(28) Aristóteles (384-322), filósofo grego, discípulo de Platão.

88 - O aprendizado do melhor estilo

O aprendizado do estilo pode ser, *de um lado*, o aprendizado que procura encontrar a expressão com a qual se pode transmitir todos os estados de alma aos leitores e aos ouvintes; em seguida, o aprendizado que procura descobrir o estado de alma que mais se *deseja* no homem, do qual se gostaria, por conseguinte, poder transmitir; quero dizer o estado de alma em que o homem está profundamente comovido, o homem de espírito alegre, lúcido e reto, que dominou as paixões. Esse será o aprendizado do melhor estilo: corresponde ao homem bom.

89 - Cuidar da forma do estilo

A forma das frases indica se o autor está cansado; cada expressão pode também separadamente ser forte e boa porque ela própria foi descoberta outrora: quando a idéia nasceu no autor. É frequentemente assim em Goethe(29) que muitas vezes ditava, quando estava cansado.

90 - Já e ainda

A – A prosa alemã é ainda muito jovem; Goethe julga que Wieland(30) foi seu pai.

B – Tão jovem e já tão feia!

C – Se estou bem informado, porém, o bispo Úlfilas(31) já escreveu em prosa alemã; ela já tem, portanto, perto de 1.500 anos.

B – Tão velha e ainda tão feia!

91 - Alemão original

Uma vez que a prosa alemã não se formou segundo um modelo, pode ser considerada como uma produção original do gosto alemão e poderia

(29) Johann Wolfgang von Goethe (1749-1832), pensador e escritor alemão (NT).

(30) Christoph Martin Wieland (1733-1813), escritor alemão (NT).

(31) Úlfilas ou Wúlfilas (311-383), apóstolo e bispo dos godos, traduziu para a língua gótica o Novo Testamento (NT).

servir de indicação aos zelos promotores de uma civilização original alemã do futuro, para lhes ensinar, por exemplo, que aspecto teria, sem imitação de modelos, um verdadeiro costume alemão, uma sociedade alemã, uma decoração interior alemã, um café da manhã alemão. – Alguém que tinha durante muito tempo refletido sobre essas perspectivas acabou por exclamar, tomado de terror: "Mas, em nome do céu! Talvez já *possuímos* essa civilização original – somente não gostamos de falar nisso!"

92 - Livros proibidos

Nunca ler algo do que escrevem esses arrogantes sabe-tudo e esses cabeças confusas que possuem o mais horrível vício, o do paradoxo lógico; empregam as formas lógicas justamente nos locais em que tudo é impertinentemente improvisado e empilhado no nada. ("Portanto" quer dizer para eles "imbecil leitor, para ti não há portanto – mas somente para mim" – ao que se deve responder: "Imbecil escritor, por que escreves então?")

93 - Mostrar espírito

Todos aqueles que querem *mostrar* espírito dão a entender que estão ricamente providos do contrário. Esse vício de certos franceses, acrescentando a suas melhores saídas um traço de *desdém*, tem sua origem no desejo de se fazer passar por mais ricos do que são; querem prodigalizar com desleixo, cansados de algum modo de contínuas ofertas tiradas em celeiros muito cheios.

94 - Literatura alemã e francesa

A desgraça das literaturas alemã e francesa dos cem últimos anos procede do fato de que os alemães saíram muito cedo da escola dos franceses – enquanto que mais tarde os franceses foram muito cedo para a escola dos alemães.

95 - Nossa prosa

Nenhum dos ovos civilizados atuais tem prosa tão ruim como o povo alemão; e se franceses espirituosos e delicados dizem que não há prosa alemã, não se deveria, enfim, ficar ofendido com isso, pois, isso é dito com intenções mais amáveis do que merecemos. Se acaso se procurar a razão disso, acaba-se por fazer a estranha descoberta que o *alemão só conhece a prosa improvisada* e não conhece outra. Acha quase incompreensível que um italiano possa dizer que a prosa é mais difícil que a poesia na medida em que a representação da beleza nua é mais difícil para o escultor do que a da beleza vestida. O verso, a estrofe, o ritmo e a rima requerem um esforço honesto – é o que o alemão também compreende e não é tentado a atribuir ao improviso um valor particularmente superior. Mas trabalhar numa página de prosa como numa estátua? É como se lhe contássemos alguma coisa do país da fábula.

96 – O grande estilo

O grande estilo nasce quando o belo triunfa sobre o monstruoso.

97 - Evitar

Não se sabe em que consiste, nos espíritos privilegiados, a delicadeza da expressão e do floreio da frase, se não se puder dizer em que palavra todo escritor medíocre tivesse sucumbido inevitavelmente para exprimir a mesma coisa. Todos os grandes artistas procuram evitar de se infiltrar ao dirigir sua carruagem – mas nunca chegam ao ponto de tombar.

98 – Algo como pão

O pão neutraliza o gosto dos outros alimentos, apaga-o; é por isso que faz parte de todas as refeições de certa duração. Nas obras de arte, é necessário que haja algo como pão para que estas possam reunir efeitos diferentes, os quais, seguindo-se imediatamente uns aos outros sem um desses descansos e paradas momentâneas, excederiam rapidamente e provocariam repugnância, o que tornaria uma *longa* refeição da arte impossível.

99 – Jean Paul

Jean Paul[32] sabia muito, mas não possuía nenhuma ciência, conhecia toda espécie de artifícios nas artes, mas não tinha arte, não achava quase nada insípido, mas não tinha gosto, possuía sentimentos e seriedade, mas quando queria dar a provar, derramava por sobre isso uma insuportável torrente de lágrimas, tinha realmente espírito, mas infelizmente muito pouco para sua avidez; deixava o leitor no desespero justamente por sua falta de espírito. Em suma, não passou de uma erva daninha matizada e com odor violento que começou a crescer de um dia para outro nos sulcos fecundos e preciosos de Schiller[33] e Goethe; era um homem conveniente e, no entanto, homem fatal – a fatalidade em roupa de dormir.

100 – Saber degustar também o contraste

Para degustar uma obra do passado como a apreciavam seus contemporâneos é necessário ter na língua o gosto que reinava na época, um gosto pelo qual ela se diferenciava.

101 – Autores com espírito do vinho

Certos escritores não são nem espírito nem vinho, mas espírito de vinho: podem se inflamar e dão calor.

102 – O sentido mediador

O sentido do gosto, verdadeiro sentido mediador, levou muitas vezes os outros sentidos a compartilhar de suas opiniões sobre as coi-

(32) Johann Paul Friedrich Richter (1763-1825), mais conhecido como Jean Paul, escritor alemão, extremamente pobre, só passou a escrever depois de se tornar professor de uma escola (NT).

(33) Friedrich von Schiller (1750-1805), pensador e escritor alemão (NT).

sas e lhes inspirou seus leis e seus costumes. À mesa podemos nos esclarecer sobre os mais sutis segredos das artes: é suficiente observar o que tem gosto, em que momento sentimos gosto, de que gosto é aquilo e por quanto tempo o sentimos.

103 - Lessing

Lessing[34] tem uma virtude realmente francesa e, como escritor, é ele também que mais se aplicou em seguir os modelos franceses: sabe como expor muito bem e ordenar suas mercadorias intelectuais na vitrine. Sem essa verdadeira *arte*, seus pensamentos e seus objetos teriam permanecido esquecidos na sombra e sem que dano geral seja muito evidente. Mas muita gente seguiu as lições de sua *arte* (especialmente as últimas gerações de sábios alemães) e grande número encontrou nela pra zer. – Era inútil, contudo, que seus alunos lhe emprestassem, como ocorreu tão frequentemente, esse tom desagradável em sua mistura de combatividade e de bravura honesta. – Agora estamos de acordo sobre o "poeta lírico" Lessing: vamos acabar por torná-lo "dramaturgo".

104 - Leitores indesejáveis

Como um autor fica atormentado por esses bravos leitores de alma espessa e desajeitada que, cada vez que se batem contra alguma passagem, não deixam de cair e de se machucar.

105 - Idéias de poetas

As idéias verdadeiras nos verdadeiros poetas são sempre veladas, como as egípcias; somente o olho profundo do pensamento olha livremente por cima desse véu. – As idéias de poetas não valem tanto, em média, quanto aparentam: é que se deve pagar também o véu e a própria curiosidade.

(34) Gotthold Ephraim Lessing (1729-1781), escritor alemão, autor de comédias ao estilo dos autores franceses (NT).

106 - Escrevam simples e utilmente

As transições, os detalhes, a variedade das cores nas paixões – tudo isso damos de presente ao autor, porque trazemos isso conosco e o oferecemos a ele para que tire proveito, por pouco que nos compense com que quer que seja.

107 - Wieland

Wieland(35) escreve o alemão melhor do que ninguém, na perfeição e na imperfeição conservou seu domínio (sua tradução das cartas de Cícero(36) e aquela de Luciano(37) são as melhores traduções alemãs), mas suas idéias não nos oferecem nada para refletir. Suportamos suas moralidades alegres tão pouco como suas alegres imoralidades: umas e outras são inseparáveis. Os homens que nelas encontravam prazer eram certamente, no fundo, homens melhores que nós – mas também em boa parte mais pesados, que tiveram necessidade de semelhante escritor. – Goethe(38) não era necessário aos alemães e é por isso que não sabem o que fazer com ele. Estudem sob esse ponto de vista nossos melhores homens de Estado e nossos artistas: nenhum deles teve Goethe como educador, nem podia tê-lo como tal.

108 - Festas raras

Concisão sólida, calma e maturidade – quando encontrares essas qualidades reunidas num autor, pára e celebra uma grande festa no meio do deserto: passará muito tempo antes que experimentes de novo tão grande prazer.

---

(35) Christoph Martin Wieland (1733-1813), escritor alemão (NT).

(36) Marcus Tullius Cicero (106-43 a.C.), jurista, orador, filósofo e escritor latino; as cartas de Cícero compõem dois volumes: *Epistulae* e *Epistulae ad Atticum* (NT).

(37) Parece que Nietzsche se refira a Luciano de Samósata (125-192), pensador grego (NT).

(38) Johann Wolfgang von Goethe (1749-1832), pensador e escritor alemão (NT).

109 – O tesouro da prosa alemã

Se excetuarmos as *obras* de Goethe, especialmente os *Encontros com Goethe* de Eckermann[39], o melhor livro alemão, que resta, em suma, da literatura alemã em prosa que merecesse ser lida e relida? Os *Aforismos* de Lichtenberg[40], o primeiro livro da *História de minha vida* de Jung-Stilling[41], a *Última estação* de Adalbert Sifter[42] e *A gente de Seldwyla* de Gottfried Keller[43] – e com isso chegamos provisoriamente ao final da lista.

110 – Estilo escrito e estilo falado

A arte de escrever requer, antes de tudo, *equivalentes* para os meios de expressão que só estão ao alcance do sujeito falante: portanto, pelos gestos, pelo sotaque, pelo tom, pelo olhar. É por isso que o estilo escrito é totalmente diferente do estilo falado e algo muito mais difícil. – Com meios menores, quer se tornar tão expressivo quanto este. Demóstenes[44] pronunciava seus discursos de outra forma do que os lemos hoje: ele os refez para que pudessem ser lidos. – Com o mesmo objetivo, os discursos de Cícero deveriam ser inicialmente demostenizados: neles são encontrados ainda muito mais vestígios do *fórum* romano do que o leitor possa suportar.

111 – Prudência ao citar

Os jovens autores não sabem que as boas expressões e as boas idéias só se apresentam bem no meio de suas semelhantes e que uma excelente citação pode aniquilar páginas inteiras e todo um livro, quando se vislumbra o leitor com ares de dizer: "Cuidado, eu sou a

(39) Johann Peter Eckermann (1792-1854), escritor alemão, amigo e secretário de Goethe, publicou *Encontros com Goethe* (NT).

(40) Georg Christoph Lichtenberg (1742-1799), escritor alemão e crítico de arte (NT).

(41) Johann Heinrich Jung, dito Jung-Stilling (1740-1817), escritor alemão, cuja principal obra, *A juventude de Heinrich Stilling*, foi editada por Goethe (NT).

(42) Adalbert Stifter (1805-1868), romancista alemão (NT).

(43) Gottfried Keller (1819-1890), romancista suíço de língua alemã (NT).

(44) Demóstenes (384-322 a.C.), orador e estadista grego (NT).

pedra preciosa e em volta de mim há chumbo, chumbo cinza e miserável." Cada palavra, cada pensamento só quer viver em *sua sociedade*: é a moral do estilo seleto.

112 – Como os erros devem ser ditos?

Pode-se discutir para saber se é mais prejudicial exprimir mal os erros ou exprimi-los tão bem como as melhores verdades. No primeiro caso, é certo que prejudicam o cérebro de dupla maneira e que é mais difícil extirpá-los, mas é evidente que agem com menos certeza que no segundo caso: são menos contagiosos.

113 – Restringir e aumentar

Homero reduziu e diminuiu o estudo do tema, mas ampliou e fez com que as diferentes cenas surgissem por si – e foi assim que, mais tarde, procederam sempre e novamente os poetas trágicos: cada um tomou o assunto em fragmentos ainda menores que seu predecessor, mas concluiu com um florescimento mais rico ainda, nos estritos limites dessas pacíficas cercas de jardim.

114 – A literatura e a moral se explicam

Pode-se mostrar, a exemplo da literatura grega, quais são as forças que fazem o espírito grego se expandir, como seguiu diferentes caminhos e o que acabou por torná-lo fraco. Tudo isso dá uma imagem do que se passou, em suma, com a moralidade grega e do que se passará com toda a moralidade: como começou sendo uma coação, mostrando primeiramente dureza, depois aos poucos se suavizou, como se formou enfim o prazer que certas ações, certas convenções e certas formas proporcionam e, surgindo disso, também uma inclinação ao exercício e à posse exclusiva destas; como o caminho se enche e se cumula de competidores, como chega a saciedade, como se procura novos objetos de luta e de ambição, como se reanima com isso anciãos, como o espetáculo se repete, como os espectadores se cansam do espetáculo porque então todo o círculo parece ter sido percorrido – então sobrevém um repouso, uma parada na respiração: os riachos se perdem na areia. É o fim ou, pelo menos, *um* fim.

115 - Que regiões desfrutam de maneira duradoura

Essa região possui traços significativos para um quadro, mas não posso encontrar nela a fórmula, como conjunto ela é inatingível para mim. Observo que todas as paisagens que me agradam de maneira duradoura contêm, em sua diversidade, uma simples figura de linhas geométricas. Sem semelhante substrato matemático, nenhuma região se torna para o olho um presente artístico. E talvez essa regra permite uma aplicação parabólica ao homem.

116 - Ler em voz alta

Para ler em voz alta é necessário conhecer a dicção: deve-se aplicar em toda parte tons pálidos, mas determinar o grau de palidez em conformidade a um quadro fundamental de cores plenas e profundas que sempre flutua diante dos olhos e nos dirige, isto é, segundo a maneira pela qual *dizemos* as mesmas passagens: é necessário, portanto, estar disposto a fazê-lo.

117 - O sentido dramático

Aquele que não possui os quatro sentidos da arte procura compreender tudo com o quinto sentido, que é o mais grosseiro: é o sentido dramático.

118 - Herder

Herder(45) está longe de ser o que quis fazer crer (e o que ele próprio desejava crer); não era nem grande pensador nem grande inventor, não era um terreno novo e fecundo com o poder impraticado de uma floresta virgem. Possuía, porém, no mais grau o faro daquilo que ia vir, via e colhia as primícias das estações antes que os outros que chegavam a crer que era ele que as havia cultivado: seu espírito era sem cessar à espreita entre o claro e o escuro, o velho e o jovem, em

(45) Johann Gottfried Herder (1744-1803), pensador e escritor alemão, discípulo de Kant (NT).

toda parte onde passagens, reforços, ruínas indicavam a existência de fontes anteriores; a inquietude da primavera o agitava, mas ele próprio não era a primavera! – Desconfiava realmente de tempos em tempos e não queria confessá-lo a si próprio, ele, o padre ambicioso que tanto teria querido ser o papa dos espíritos de seu tempo! Foi seu sofrimento: parece ter vivido muito tempo pretendendo vários reinos do espírito, até mesmo um império universal, e tinha um partido que cria nele; o jovem Goethe era um. Mas em toda parte onde se acabava por distribuir coroas, ele ia embora de mãos vazias. Kant(46), Goethe e a seguir os primeiros verdadeiros historiadores e filólogos alemães lhe tiraram o que ele acreditava se ter reservado – sem que acreditasse nessa prioridade no silêncio e no segredo de si próprio. É quando duvidava de si mesmo que gostava de revestir com a dignidade e o entusiasmo: esse manto devia muitas vezes esconder muitas coisas, enganá-lo e consolá-lo. Possuía realmente entusiasmo e ardor, mas sua ambição era muito maior. Essa ambição alimentava o fogo e o fazia inflamar-se, crepitar e fazer fumaça – o *estilo* de Herder se inflama, crepita e faz fumaça – mas ele desejava a grande chama e esta nunca veio! Não podia sentar-se à mesa dos verdadeiros criadores; sua ambição não lhe permitia colocar-se modestamente entre os simples consumidores. É por isso que ele foi um hóspede inquieto que provava com antecedência todos os pratos intelectuais que os alemães foram buscar durante meio século em todos os mundos e em todos os tempos. Jamais totalmente saciado e feliz, Herder estava, além disso, com muita freqüência doente; então a inveja se assentava às vezes à sua cabeceira e a hipocrisia o visitava. Conservava um aspecto de constrangimento e parecia roído por uma ferida. Mais do que a qualquer um de nossos pretensos "clássicos", lhe falta a simples e brava virilidade.

119 – Cheiro das palavras

Cada palavra tem seu cheiro: há uma harmonia e uma dissonância dos perfumes, portanto, também das palavras.

(46) Immanuel Kant (1724-1804), filósofo alemão (NT).

120 - O estilo procurado

O estilo encontrado é uma ofensa para o amigo do estilo procurado.

121 - Promessa

Não quero mais ler um autor no qual se nota que quis escrever um livro, mas somente aqueles cujas idéias se tornaram inopinadamente um livro.

122 - A convenção artística

Três quartos do que Homero escreveu é convenção e ocorre o mesmo em quase todos os artistas gregos, que não tinham razão alguma para se entregar à raiva de originalidade que é própria dos modernos. Eles não tinham temor algum do convencional; era um meio de entrar em comunhão com o público. De fato, as convenções são procedimentos para o entendimento do ouvinte, uma língua comum penosamente aprendida, por meio da qual o artista pode verdadeiramente se comunicar. Particularmente para os poetas e os músicos gregos, quando um deles quer ser *imediatamente* vitorioso com sua obra de arte – estando habituado a lutar publicamente com um ou dois rivais – por isso, ser *compreendido imediatamente* é a primeira condição: o que só é possível pela convenção. O que o artista inventa além da convenção, ele acrescenta de sua própria cabeça e nisso ele próprio arrisca, no melhor caso, com esse sucesso de ter *criado* uma nova convenção. Geralmente o que é original é observado com surpresa, às vezes até mesmo adorado, mas raramente compreendido; querer escapar com obstinação à convenção é querer não ser compreendido. A que visa, pois, a loucura de originalidade dos tempos modernos?

123 - Afetação da ciência nos artistas

Schiller[(47)] acreditava que, com alguns outros artistas alemães, quando se tem espírito se tem o direito de se entregar à *improvisação*

(47) Johann Christoph Friedrich von Schiller (1759-1805), poeta, dramaturgo e escritor alemão (NT).

em toda espécie de assuntos difíceis. Temos, pois, suas composições em prosa – em todos os pontos um modelo para mostrar a maneira pela qual não se deve abordar questões científicas da estética e da moral – e um perigo para os jovens leitores que, em sua admiração pelo poeta Schiller, não têm a coragem de conferir pouca estima ao pensador e ao escritor Schiller. A tentação que se apodera tão facilmente do artista, tentação perdoável entre todas as outras, de passar uma vez, também ele, num prado que lhe é proibido e de expressar suas palavras na *ciência* – pois, o mais bravo acha às vezes sua profissão e seu escritório insuportáveis – essa tentação é tão forte no artista que ele quer mostrar a todos o que ninguém precisa ver, a saber: que seu pequeno "pensadouro" é estreito e desordenado – que importa! Não mora lá! – Que os celeiros de seu saber estão vazios, pela metade repletos de bugigangas – por que não? O menino-artista se acomoda nele até muito bem – e sobretudo porque, para as práticas mais fáceis do método científico, familiares até mesmo aos iniciantes, seus membros estão muito pouco exercitados e não bastante ágeis – e disso também não precisa ter vergonha! – Mas ele desenvolve às vezes uma arte considerável para imitar todos os defeitos, todas as imperfeições e todos os maus hábitos sábios que são encontrados na corporação científica, com a idéia de que isso faz parte, senão do próprio assunto, pelo menos na aparência do assunto; e é isso precisamente o que há de alegre em semelhantes escritos de artista; o artista faz neles sem querer o que é sua profissão: *parodiar* as naturezas científicas e não artísticas. Diante da ciência, não deveria tomar outra posição senão a paródia, pelo menos enquanto é artista e nada mais que artista.

124 – A idéia de Fausto

Uma pequena costureira é seduzida e mergulhada na desgraça; um grande sábio de todas as quatro faculdades é o malfeitor. Há certamente algo de estranho nisso tudo! De fato, essa história não tem nada de natural. Sem a ajuda do diabo em pessoa, o grande sábio não teria chegado a seus fins. – Seria esse verdadeiramente o maior "pensamento trágico" alemão, como se ouve dizer entre os alemães? – Para Goethe, contudo, esse pensamento tinha algo de muito espantoso; seu coração compassivo não podia agir de outra forma senão transportar a pequena costureira, "a boa alma que só se esqueceu uma vez", depois de sua morte involuntária, na proximidade dos santos; e chegou até mesmo, por uma trapaça que se prega ao diabo, no momento decisivo a fazer entrar no céu o grande sábio, quando ainda havia tempo, a ele, "o homem bom" de "instinto obscuro": – de modo que, lá em cima, no céu, os amantes se reencontram. – Goethe dizia um dia que para os assuntos verdadeiramente trágicos sua natureza havia sido demasiado conciliadora.

125 - Há "clássicos alemães"?

Sainte-Beuve[48] observa que a forma de certas literaturas não concorda de modo algum com a palavra "clássica"; não ocorreria, por exemplo, a ninguém falar de "clássicos alemães". – Que dizem disso nossos livreiros alemães que estão prestes a acrescentar, aos cinqüenta clássicos alemães nos quais já devemos acreditar, cinqüenta novos clássicos? Parece quase que bastaria simplesmente estar morto há trinta anos e expor-se publicamente como uma presa oferecida a todos para ouvir subitamente a trombeta da ressurreição que o consagra clássico! E isso, numa época e no meio de um povo em que, dos seis grandes ancestrais da literatura, cinco estão prestes a envelhecer incontestavelmente ou mesmo já envelheceram – sem que essa época e esse povo tenham precisamente necessidade de ter vergonha *disso*! De fato, esses escritores cederam o lugar às *forças* deste tempo – é suficiente pensar nisso com toda equidade! – Como já indiquei, excetuo Goethe, que pertence a uma categoria superior de literatura, situada acima das "literaturas nacionais"; é por isso que a vida, a novidade, a caducidade não são computadas em suas relações com sua *nação*. Para a minoria, ele viveu e vive ainda; para a maioria, não passa de uma corneta de vaidade que se sopra de tempos em tempos para além das fronteiras alemãs. Goethe foi não somente um homem bom e grande, mas também uma *cultura*. Na história dos alemães, ele é um incidente sem conseqüências; quem poderia, por exemplo, descobrir na política alemã dos últimos setenta anos uma influência qualquer de Goethe! (enquanto Schiller certamente trabalhou nessa história e

---

(48) Charles-Augustin de Sainte-Beuve (1804-1869), escritor francês; a afirmação citada por Nietzsche consta em *Les cahiers de Sainte-Beuve* (Os cadernos de Sainte-Beuve) de 1876, onde diz: "Há línguas e literaturas abertas em todas as partes e não circunscritas às quais não imagino que se possa atribuir a palavra clássico; não imagino que se diga os clássicos alemães" (NT).

talvez um pouco também Lessing[49]). Mas que dizer desses cinco outros! Klopstock[50] já envelheceu quando vivia de uma maneira realmente venerável e tão altivamente que o livro refletido de seus anos de velhice, *A república dos sábios*, não foi até hoje levado a sério por ninguém. Herder teve a infelicidade de escrever obras que eram sempre muito novas ou já envelhecidas; para os espíritos mais sutis e mais fortes (como para Lichtenberg[51]), a obra principal de Herder, suas *Idéias sobre a história da humanidade*, por exemplo, tinha algo de muito velho desde seu aparecimento. Wieland[52],que havia vivido muito e gerado a vida, previu como homem sensato a diminuição de sua influência depois da morte. Lessing sobrevive talvez ainda hoje – mas entre os sábios jovens e sempre mais jovens! E Schiller caiu agora das mãos dos jovens para aquelas dos meninos, de todos os meninos alemães! Para um livro é uma maneira conhecida de envelhecer o fato de descer a idades cada vez menos maduras. – E o que foi que rejeitou esses cinco escritores, de modo que não são mais lidos pelos homens trabalhadores de sólida instrução? O gosto mais refinado, a reflexão mais madura, a maior estima do verdadeiro e do verídico, ou seja, virtudes que foram *implantadas* de novo na Alemanha por esses cinco, precisamente (e por dez ou vinte outros, menos brilhantes) e que agora, numa floresta suntuosa, estendem sobre seu próprio túmulo a sombra da veneração e também um pouco da sombra do esquecimento. – Mas os *clássicos* não são os *plantadores* das virtudes intelectuais ou literárias, são a *realização* e os mais elevados cumes dessas virtudes, que continuam a se elevar acima dos povos, mesmo que esses viessem a perecer, pois, eles são mais leves, mais livres e mais puros que esses povos. Pode-se imaginar um estado superior da humanidade, onde a Europa dos povos terá soçobrado no esquecimento do passado, mas onde a Europa *viverá* ainda em trinta volumes muito antigos e que não envelhecerão jamais: nos clássicos.

(49) Gotthold Ephraim Lessing (1729-1781), escritor alemão, autor de comédias ao estilo dos autores franceses (NT).

(50) Friedrich Gottlieb Klopstock (1724-1803), poeta alemão, era também cidadão honorário da França (NT).

(51) Georg Christoph Lichtenberg (1742-1799), escritor alemão e crítico de arte (NT).

(52) Christoph Martin Wieland (1733-1813), escritor alemão (NT).

126 – Interessante, mas não belo

Essa região esconde seu significado, mas tem um que se gostaria de adivinhar: para qualquer lado que olho, leio palavras e indicações de palavras, mas não sei onde começa a frase que resolve o enigma de todas essas indicações e sou premiado com um torcicolo ao tentar em vão ler, começando por um desses lados ou por outro.

127 – Contra os inovadores da linguagem

Introduzir neologismos ou arcaísmos na linguagem, preferir o raro e o estranho, visar à riqueza das expressões antes que à restrição, é sempre sinal de um gosto que não tem ainda alcançado sua maturidade ou que já está corrompido. Uma nobre pobreza, mas, no domínio sem transparência, uma liberdade de mestre, é o que distingue, na Grécia, os artistas do discurso: querem possuir *menos* do que o povo possui – pois, é o povo que é mais rico em coisas antigas e novas – mas esse pouco, eles o querem possuir *melhor*. Foi muito rápido enumerar seus arcaísmos e seus estrangeirismos, mas a admiração não tem limites se tivermos bons olhos para ver a maneira leve e suave com que se aproximam daquilo que há de cotidiano e de muito usado na aparência, nas palavras e nas nuances da frase.

128 – Os autores tristes e os autores sérios

Aquele que lança no papel o que ele *sofre* se torna um autor triste, mas se torna um autor sério se nos conta aquilo que *sofreu* e por que descansa agora na alegria.

129 – Saúde do gosto

De onde vem que a saúde não é tão contagiosa como a doença, isso de forma geral e particularmente em questão de gosto? Ou haverá epidemias de saúde?

130 - Resolução

Nunca mais ler um livro que, logo que nasceu, foi batizado (com tinta).

131 - Melhorar o pensamento

Melhorar o estilo – é melhorar o pensamento e nada mais! – Aquele que não concordar com isso de imediato não poderá mais ser persuadido a respeito.

132 - Livros clássicos

O lado mais fraco de todo livro clássico é que está escrito em demasia na língua materna de seu autor.

133 - Maus livros

O livro deve criar depois da pena, da tinta e da mesa de trabalho, mas geralmente é a pena, a tinta e a mesa de trabalho que criam depois do livro. É por isso que em nossos dias os livros são tão pouca coisa.

134 - Presença dos sentidos

Quando reflete sobre quadros, o público se torna poeta, mas quando reflete sobre poemas, se torna observador. No momento em que o artista apela ao público geralmente mostra falta do *sentido* verdadeiro, portanto, não de presença de espírito, mas de presença dos sentidos.

135 - Idéias escolhidas

O estilo escolhido de uma época proeminente seleciona não somente as palavras, mas também as idéias – e procura tanto as palavras como as idéias naquilo que é *usual* e *dominante*: as idéias riscadas e muito novas aborrecem ao gosto maduro tanto quanto as imagens e as expressões novas e audaciosas. Mais tarde, essas duas coisas – a idéia selecionada e a palavra escolhida – sentem facilmente a mediocridade, porque o cheiro peculiar se perde rapidamente e não farejamos mais senão o banal e o cotidiano.

136 - Causa principal da corrupção do estilo

Querer *mostrar* mais sentimento por uma coisa do que se *tem* realmente destrói o *estilo* na língua e nas artes. Toda grande arte possui antes a inclinação contrária; como todo homem de real valor moral, vai querer deter o sentimento a caminho e não deixá-lo ir *de modo algum* até o fim. Esse pudor da semivisibilidade do sentimento é, por exemplo, o mais admiravelmente observado em Sófocles[53] e parece que os traços do sentimento se transfiguram quando este se doa, por mais sóbrio que possa ser.

137 - Para desculpar os que têm estilo pesado

O que é dito levianamente, muito raramente cai nos ouvidos com seu peso verdadeiro – mas isso cabe ao ouvido mal disciplinado que, educado por aquilo que até agora chamamos música, teve de negligenciar a escola da harmonia superior, isto é, o *discurso*.

138 - Perspectivas a vôo de pássaro

Aqui estão torrentes que se precipitam de vários lados num despenhadeiro: seu movimento é tão impetuoso e arrasta o olhar com tanta força, que os lados da montanha, desprovidos ou cobertos de bosques, não parecem se inclinar, mas *escorrer* para as profundezas. Diante desse espetáculo, experimentamos as angústias da espera, como se atrás de tudo isso se escondesse algo de hostil que levaria à fuga e do qual somente o abismo poderia nos proteger. Não é possível pintar essa região, a menos que planemos sobre ela, no ar livre, como um pássaro. O que chamamos de perspectiva a vôo de pássaro não é aqui, pois, o prazer do artista, mas o único procedimento possível.

(53) (52) Sófocles (496-406 a.C.), poeta trágico grego (NT).

139 – Comparações casuais

Quando as comparações casuais não são prova da malícia de um escritor, provam a fadiga de sua imaginação. Mas em qualquer caso elas testemunham seu mau gosto.

140 – Dançar nas correntes

Diante de cada artistas, poeta ou escritor grego, deve-se perguntar: qual é a *nova* obrigação que ele se impõe e que torna sedutora aos olhos de seus contemporâneos (a ponto de encontrar imitadores)? De fato, o que chamamos "invenção" (no domínio métrico, por exemplo) é sempre um desses entraves que nos pomos a nós mesmos. "Dançar nas correntes": encarar as dificuldades e depois estender acima delas a ilusão da facilidade – essa é a habilidade que nos querem mostrar. Já em Homero observamos uma série de fórmulas transmitidas e regras no relato épico, no interior *das quais* tinha de dançar: e ele próprio acrescentou, de sua própria cabeça, novas convenções para aqueles que haveriam de vir. Essa foi a escola dos poetas gregos: deixar-se impor inicialmente, pelos poetas precedentes, uma obrigação múltipla; depois, acrescentar a invenção de uma obrigação nova, impor-se essa obrigação e vencê-la com graça, a fim de que sejam notadas e admiradas a obrigação e a vitória.

141 – Amplidão dos autores

A última coisa que ocorre a um bom escritor é a amplidão; aquele que a traz consigo nunca será um bom escritor. Os cavalos de corrida mais nobres são magros, até que possam se *repousar* de suas vitórias.

142 – Heróis ofegantes

Poetas e artistas que sofrem da asma do sentimento induzem seus heróis a ofegar por mais tempo; não conseguem respirar facilmente.

143 – Os meio cegos

O indivíduo meio cego é o inimigo nato de todos os escritores que se deixam levar. Como é tomado pela ira ao fechar um livro no qual percebeu que o autor necessita de cinqüenta páginas para descrever cinco idéias; fica furioso por ter posto em perigo, quase sem recompensa, o que lhe resta de olhos. – Um meio cego dizia certo dia: "*Todos* os autores se deixaram levar." – "O Espírito Santo também?" – O Espírito Santo também. Mas ele tinha direito, pois escrevia para aqueles que eram completamente cegos.

144 – O estilo da imortalidade

Tucídides[54], bem como Tácito[55] – ao elaborar suas obras, pensaram na imortalidade; se não o soubéssemos de outra maneira, poderíamos adivinhá-lo por seu estilo. Um acreditava conferir duração a suas idéias, reduzindo-as pela ebulição; o outro, acrescentando-lhes sal; e ambos, parece, não se enganaram.

145 – Contra as imagens e os símbolos

Com as imagens e os símbolos se persuade, mas não se demonstra. É por isso que, no âmbito da ciência, se tem um tal terror das imagens e dos símbolos, pois aqui *não* se quer precisamente o que convence e o que torna verossímil, provoca-se, ao contrário, a mais fria desconfiança, nada mais que pelos meios de expressão e pelas paredes nuas, porque a desconfiança é a pedra de toque para o ouro da certeza.

146 - Cautela

Na Alemanha, aquele que não possui um saber profundo deverá realmente evitar de escrever. De fato, o *bom* alemão não diz "ele é ignorante", mas "ele é de caráter duvidoso". Essa conclusão apressada honra, aliás, os próprios alemães.

147 – Esqueletos pintados

Esqueletos pintados são os autores que gostariam de substituir aquilo que lhes falta de carne por cores artificiais.

---

(54) Tucídides (465-395 a.C.), historiador grego, autor de *Histórias da guerra do Peloponeso* (NT).

(55) Caius Cornelius Tacitus (55-120), historiador latino, autor de várias obras (NT).

148 - O estilo grandiloqüente e o que lhe é superior

Aprende-se mais facilmente a escrever com grandiloqüência do que a escrever leve e simplesmente. As razões disso se perdem no domínio moral.

149 - Bach

Se não ouvirmos a música de Bach[56] como conhecedores completos e sagazes do contraponto e de todas as maneiras do estilo da fuga, se não privarmos assim de um verdadeiro desfrute artístico, o ouviremos de modo totalmente diferente, com o estado de espírito de um homem (para empregar com Goethe uma expressão magnífica) que deve ter estado presente no momento em que *Deus criou o mundo*. Ou seja, sentiremos então que há algo de grande que está em seu devir, mas que não existe ainda: nossa *grande* música moderna. Ela já venceu o mundo, conquistando a vitória sobre a Igreja, as nacionalidades e o contraponto. Em Bach, há ainda muito cristianismo cru, germanismo cru, escolástica crua; ele se encontra à soleira da música européia (moderna), mas de lá ele volta seu olhar para a Idade Média.

150 - Händel

Handel[57], na invenção da música, era ousado, inovador, verdadeiro, poderoso; ele se voltava para um heroísmo semelhante àquele de que um povo é capaz – mas, para concluir seu trabalho, se sentia muitas vezes cheio de obrigações, de frieza e mesmo de desgosto de si; então se servia de alguns métodos experimentados na execução, se punha a escrever depressa e muito e ficava muito feliz por ter terminado – mas não era um contentamento semelhante àquele de Deus e outras criaturas à noite de sua fecunda jornada.

(56) Johann Sebastian Bach (1685-1750), compositor alemão (NT).

(57) Georg Friedrich Handel (1685-1759), compositor alemão, naturalizado inglês em 1726 (NT).

151 - Haydn

Se a genialidade pode se aliar à natureza de um homem simplesmente bom, Haydn[58] possuiu essa genialidade. Ele chega até a fronteira que a moralidade traça para a inteligência, só compõe música que não tem "passado".

152 – Beethoven e Mozart

A música de Beethoven[59] aparece muitas vezes como uma *contemplação* profundamente comovida na audição de um trecho que julgávamos perdido havia muito tempo, é a "inocência nos sons", uma música *a respeito* da música. A canção do mendigo ou do menino das ruas, os motivos rastejantes dos italianos em viagem, as árias de dança dos albergues de vilarejo ou das noites de carnaval. É ali que Beethoven descobre suas "melodias", recolhe-as como uma abelha, captando aqui e acolá uma nota ou uma curta seqüência. Para ele são *lembranças* transfiguradas de um "mundo melhor", semelhantes àquelas que Platão imaginava a respeito das idéias. – Mozart[60] está numa relação totalmente diferente com suas melodias: não encontra suas inspirações aguardando música, mas olhado a vida, a vida mais movimentada das regiões meridionais: sempre sonhava na Itália quando não estava lá.

153 - Recitativo

Antigamente o recitativo era seco; hoje vivemos numa época do *recitativo molhado*: caiu na água e as ondas o arrastam para onde querem.

154 – Música "serena"

Se ouvirmos música depois de termos sido privados dela por muito tempo, ela passa rápido demais no sangue, como um desses vinhos encorpados do sul e deixa na alma uma embriaguez parecida

(58) Joseph Haydn (1732-1809), compositor austríaco (NT).
(59) Ludwig van Beethoven (1770-1827), compositor alemão (NT).
(60) Wolfgang Amadeus Mozart (1756-1791), compositor austríaco (NT).

com a de um narcótico que a mergulha num estado de semi-sono e de desejo; é particularmente o caso da música "serena" que proporciona ao mesmo tempo amargura e dor, saciedade e nostalgia e que força a deglutir tudo isso, sem cessar, como uma doce bebida envenenada. Então, a sala onde uma alegria serena murmura parece se reduzir sempre mais, a luz diminuir de intensidade e esmorecer; acreditamos finalmente ouvir a música como se entrasse numa prisão onde a nostalgia impede um pobre homem de dormir.

155 - Franz Schubert

Franz Schubert[61], um artista menor que os outros grandes músicos, possuía, contudo, mais que estes, uma herança em música. Dissipou essa riqueza com liberalidade e com coração generoso, de modo que os músicos poderão ainda viver durante alguns séculos com suas idéias e com suas invenções. Em sua obra temos um tesouro de invenções inutilizadas. – Se ousássemos chamar Beethoven o ouvinte ideal de um menestrel, Schubert teria o direito de ser chamado ele próprio o menestrel ideal.

156 - Interpretação mais moderna da música

A grande interpretação trágico-dramática na música adquire seu caráter pela imitação dos gestos do grande pecador, como o cristianismo o imagina e o deseja: o ser que caminha a passos lentos, meditando com paixão, agitado pelas torturas da consciência, fugindo ora com espanto, ora detendo-se em desespero, ou ainda com as mãos estendidas em transe – e quaisquer que sejam os outros sinais do grande estado de pecado. Mas o cristão admite que todos os homens são grandes pecadores e só fazem pecar sem cessar, e somente essa condição poderia justificar a aplicação a *toda* a música desse estilo na interpretação; e isso, no sentido de que a música seria o reflexo de todos os atos humanos e teria, como tal, de falar sempre a linguagem que o grande pecador exprime em seus gestos. Um ouvinte que não

(61) Franz Schubert (1797-1828), compositor austríaco (NT).

fosse bastante cristão para compreender essa lógica teria, é verdade, o direito de exclamar, diante de semelhante interpretação musical: "Em nome dos céus, como o pecado entrou na música!"

157 - Félix Mendelssohn

A música de Felix Mendelssohn[62] é a música do bom gosto que sente prazer em tudo o que houve outrora de bom: ela remete sempre ao que existiu antes dela. Como poderia ter muitas coisas diante dela, muito futuro! – Felix Mendelssohn, porém, *quis* ter futuro? Possuía uma virtude que é rara entre os artistas, a do reconhecimento, sem segunda intenção; e essa também é uma virtude que remete sempre ao que vem antes dela.

158 - Uma mãe das artes

Em nossa época de ceticismo, um heroísmo brutal da *ambição* faz praticamente parte da verdadeira *devoção*. Já não é suficiente fechar fanaticamente os olhos e dobrar os joelhos. Não seria possível que a ambição de ser para sempre o último herói da devoção se tornasse a mãe de uma última música religiosa católica, do mesmo modo que haveria de gerar o último estilo da arquitetura religiosa? (Chama-se estilo jesuíta).

159 - A liberdade nas algemas - uma liberdade principesca

O último dos novos músicos que viu e adorou a beleza, como Leopardi[63], o polonês Chopin[64], ele que foi o inimitável – todos aqueles que vieram antes e depois dele não têm direito a esse epíteto – Chopin, repito, possuía a mesma nobreza principesca no concordado como Rafael[65] no emprego das cores tradicionais mais simples – não

(62) Felix Mendelssohn- Bartholdy (1809-1847), compositor e regente alemão (NT).

(63) Giacomo Leopardi (1798-1837), escritor italiano (NT).

(64) Frédéric François Chopin (1810-1849), pianista e compositor polonês (NT).

(65) Raffaello Sanzio (1483-1520), pintor e arquiteto italiano, uma das maiores figuras do Renascimento ; trabalhou algum tempo em Florença, mas foi em Roma que executou a maioria de suas obras, tanto na pintura como na arquitetura (NT).

com relação às cores, mas aos usos melódicos e rítmicos. Admite esses usos, pois tinha *nascido na etiqueta*, mas, como o espírito mais sutil e mais gracioso, entregando-se em suas algemas ao jogo e à dança – *sem* que quisesse realmente zombar deles.

160 - A Barcarola de Chopin

Quase todos os estados de alma e todas as condições da vida possuem um só momento *feliz*. É esse momento que os bons artistas sabem descobrir. Há até mesmo um na vida, nesta vida tão aborrecida, tão suja, tão malsã, que se desenvolve nas proximidades da plebe mais ruidosa e ávida; – esse momento feliz, Chopin soube lhe emprestar acordes em sua *Barcarola* a ponto que os próprios deuses podiam ter vontade de se estender numa barca durante as longas tardes de verão.

161 - Robert Schumann

O "jovem" como o sonhavam os poetas líricos do romantismo francês e alemão no primeiro terço deste século – esse jovem foi completamente traduzido em cantos e em música por Roberto Schumann(66), o eterno jovem, enquanto se sentiu na plenitude de sua força; é verdade que há momentos em que sua música faz pensar na eterna "velha moça".

162 - Os cantores dramáticos

"Por que esse mendigo canta?" – Provavelmente não se ouve ao gemer. – "Então faz bem, mas nossos cantores dramáticos, que gemem porque não sabem cantar – fazem bem também eles?"

163 - Música dramática

Para aquele que não vê o que se passa em cena, a música dramática é um absurdo, do mesmo modo que o comentário perpétuo

(66) Robert Schumann (1810-1856), compositor alemão (NT).

de um texto perdido é um absurdo. Essa música exige muito seriamente que se tenham os ouvidos onde estão os olhos. Mas isso é fazer violência a Euterpe[67]: essa pobre musa quer que deixemos seus olhos e seus ouvidos nos lugares onde todas as outras musas os têm também.

164 - Vitória e razão

Infelizmente nas guerras estéticas que os artistas provocam com suas obras e a defesa delas é também a força que decide, em última instância, e não a razão. Agora todos admitem, como fato histórico, que a felicidade na luta teve *razão* com Piccini[68]: em todos os casos Piccini foi *vitorioso*; a força estava de seu lado.

165 - Do princípio da execução na música

Aqueles que hoje executam peças musicais acreditam realmente que é o mandamento supremo de sua arte conferir a cada trecho tanto *alto-relevo* quanto possível e levá-lo a falar a todo custo uma linguagem dramática? Aplicado, por exemplo, a Mozart, não seria um verdadeiro pecado contra o espírito, espírito sereno, ensolarado, terno e leve de Mozart, cuja seriedade é uma seriedade benevolente e não uma seriedade terrível, cujas imagens não querem saltar para fora de seu quadro para espantar e pôr em fuga aquele que as contempla? Ou poder-se-ia imaginar que a música de Mozart se identifica com a música do "Festim de Pedro"? E não somente a música de Mozart, mas toda espécie de música? – Mas, poderão responder que o maior efeito fala em favor de seu princípio – e vocês teriam razão se não se lhes replicasse com outra pergunta: *Sobre quem* se quis criar efeito e sobre quem um artista nobre terá somente o direito de *querer* criar um efeito? Jamais sobre o povo! Jamais sobre os seres sensíveis! Jamais sobre os seres doentios! Antes de tudo, porém: jamais sobre os seres enfraquecidos!

(67) Na mitologia grega, Euterpe era a musa da poesia lírica e da música; a ela se atribuía a invenção da flauta e de outros instrumentos de sopro (NT).

(68) Niccolò Piccini (1728-1800), compositor italiano (NT).

166 - Música de hoje

Essa música super-moderna, com seus pulmões vigorosos e seus nervos delicados, se assusta sempre, em primeiro lugar, diante de si mesma.

167 - Onde a música se sente em casa

A música só alcança seu grande poder entre os homens que não podem nem devem discutir. É por isso que seus primeiros promotores são os príncipes que não querem que se critique muito em seu derredor, nem mesmo que se pense muito; e, em seguida, as sociedades que, sob uma pressão qualquer (principesca ou religiosa), são forçadas a se habituar ao silêncio, mas que estão à procura de sortilégios dos mais violentos contra o aborrecimento do sentimento (geralmente a eterna inclinação amorosa e a eterna música); em terceiro lugar, povos inteiros onde não há "sociedade", mas tanto mais indivíduos com uma inclinação à solidão, a pensamentos crepusculares e à veneração de tudo o que é inexprimível: essas são as verdadeiras almas musicais. – Os gregos, um povo que amou a palavra e a luta, não suportavam a música senão como *acessório* das artes sobre as quais podiam discutir e falar realmente, enquanto que sobre a música mal é possível *pensar* claramente. – Os pitagóricos, esses gregos excepcionais em muitas matérias, eram também, como se acredita, grandes músicos; são os mesmos que inventaram o silêncio de cinco anos, mas não a dialética.

168 - Sentimentalidade na música

Qualquer que seja a inclinação que se possa ter pela música séria e rica, em certas horas sempre se será subjugado, encantado e enternecido pelo oposto desta. Quero falar desses melismos[69] de óperas italianas, os mais simples de todos, que, apesar de sua uniformidade rítmica e da infantilidade de suas harmonias, nos comovem às vezes como se ouvíssemos cantar a própria alma da música. Concordem ou não, fariseus do bom gosto, *é assim*, e para mim importa agora, antes

(69) O termo melismo indica um grupo de mais de cinco ou seis notas musicais cantadas com uma mesma sílaba do texto, o que ocorre com freqüência no canto litúrgico (NT).

de tudo, propor para adivinhar esse enigma e ajudar-me um pouco a mim mesmo para resolvê-lo. – Quando éramos crianças ainda, provamos pela primeira vez o mel de muitas coisas; nunca mais, como então, nos pareceu tão gostoso como então; induzia à vida, à vida mais longa, sob a forma da primeira primavera, das primeiras flores, das primeiras borboletas, da primeira amizade. – Então – foi talvez em torno dos nove anos de nossa vida – ouvimos a primeira música: e foi essa que por primeiro compreendemos, por conseguinte, a mais simples e a mais infantil, aquela que só foi praticamente o desenvolvimento de um canção de ama-de-leite ou de uma ária de músico ambulante. (De fato, é necessário estar *preparado* e *exercitado* para as menores revelações da arte: não existe de modo algum o efeito "imediato" da arte, quaisquer que sejam as belas invenções que os filósofos tenham a esse respeito.) É a esses primeiros arrebatamentos musicais – os mais violentos de nossa vida – que se liga nosso sentimento quando ouvimos esses melismos italianos: a beatitude de criança e a fuga da jovem idade, o sentimento de irreparável como nosso bem mais precioso – tudo isso toca as cordas de nossa alma de uma maneira mais violenta que a presença mais abundante e mais séria da arte poderia fazê-lo. – Essa mescla de alegria estética com um desgosto moral que agora costumamos chamar comumente "sentimentalidade", um pouco orgulhosamente demais como me parece – é o estado de alma de Fausto no final da primeira cena – essa "sentimentalidade" dos ouvintes serve para a música italiana que geralmente, os glutões experimentados da arte, os "estéticos" puros, gostam de ignorar. – Por outro lado, toda música só começa a ter um efeito *mágico* a partir do momento em que ouvimos falar nela a linguagem de nosso próprio *passado*; e, nesse sentido, para o profano, toda música antiga parece se tornar sempre melhor e toda música recente passa a ter pouco valor, pois não desperta ainda essa "sentimentalidade" que, como indiquei, é o principal elemento de felicidade na música, para quem não sente puramente prazer nessa arte como artista.

169 – Como amigos da música

Enfim, continuamos a amar a música como amamos o claridade da lua. Nenhuma das duas quer substituir o sol – mas somente iluminar nossas noites tanto bem como mal. Temos, porém, apesar de tudo, o direito de rir disso, não é? E de fazer brincadeiras a seu respeito! Um pouco, pelo menos! E de tempos em tempos! Sobre o homem na lua? Sobre a mulher na música!

170 - A arte na época do trabalho

Temos a consciência de uma época *do trabalho*: isso não nos permite reservar para a arte as melhores horas e as melhores manhãs, mesmo que essa arte fosse a maior e mais digna de todas. É para nós uma questão de lazer, de recreação: nós lhe dedicamos as *sobras* de nosso tempo, de nossas forças. – Esse é o fato principal que mudou a situação da arte diante da vida; quando a arte apela aos amantes dela por meio de grandes exigências de tempo e de força, tem *contra* ela a consciência do trabalho e dos homens capazes, acabando por se reduzir à presença dela das pessoas indolentes e sem consciência que, por sua natureza, não são precisamente inclinados para a *grande* arte e que consideram as pretensões da grande arte como uma insolência. Pode muito bem ser que a grande esteja chegando a seu fim, porque lhe falta ar e respiração livre; ou talvez fosse necessário que ela tentasse se aclimatar numa nova atmosfera (ou pelo menos poder nela viver), numa atmosfera que, em última análise, não é senão o elemento natural da *pequena* arte, da arte do repouso, da distração divertida. Isso ocorre em quase toda parte hoje, até mesmo os artistas da grande arte prometem uma recreação e uma distração, pois eles também se dirigem ao homem cansado e lhe pedem as noites de seus dias de trabalho – exatamente como os artistas cômicos se satisfazem por terem conquistado uma vitória no rosto carregado de rugas severas e de olhos cavados. Quais são, pois, os artifícios de seus co-irmãos? Estes têm em suas armas os excitantes mais poderosos que chegariam até mesmo a assustar o homem semi-morto, possuem estupefacientes, meios de inebriar, de abalar, de provocar crises de lágrimas; com todos esses meios, subjugam o homem cansado e o enlevam num estado de febre noturna, de transbordamento, de arrebatamento e de temor. Teríamos o direito de querer o mesmo para a grande arte, tal como existe hoje sob forma de ópera, de tragédia e de música, por causa dos meios perigosos que emprega a outra? Certamente não, pois preferiria cem vezes viver no elemento puro do silêncio matinal e se dirigir às almas cheias de vida, de força e de espera, às almas da manhã nos espectadores e nos ouvintes. Agradeçamos a essa arte o fato de preferir viver assim do que fugir; confessemos também que, para uma época que introduzirá na vida dias de festa e de alegria, livres e plenos, nossa *grande* arte será inutilizável.

171 – Os empregados da ciência e os outros

Poderíamos chamar "empregados" os sábios verdadeiramente capazes e coroados de sucesso. Quando, nos jovens anos, sua sagacidade for suficientemente exercida, sua memória completa, quando as mãos e os olhos alcançaram segurança, um sábio mais idosos que eles lhes oferece na ciência um lugar onde suas capacidades podem ser úteis; mais tarde, quando eles próprios adquiriram o olhar que lhes permite ver os pontos fracos e as lacunas de sua ciência, eles mesmos se colocam nos locais onde se tem necessidade deles; mas há outras naturezas mais raras, raramente coroadas de sucesso e que raramente amadurecem completamente: são os homens "para os quais a ciência existe" – parece pelo menos para eles próprios que é assim – homens muitas vezes desagradáveis, muitas vezes presunçosos, muitas vezes obstinados, mas quase sempre um tanto encantadores. Não são nem empregados nem empregadores, servem-se do que os outros realizaram e fixaram por seu trabalho, com certa resignação principesca e elogios medíocres e raros, como se pertencessem de algum modo a uma espécie de seres inferiores. E, no entanto, não possuem qualidades diferentes daquelas pelas quais os outros se distinguem e até mesmo lhes ocorre de desenvolver essas qualidades num grau menor; além disso, têm em particular uma estreiteza de espírito que falta aos primeiros e é por isso que é impossível dar-lhes um posto e ver neles instrumentos úteis – só podem viver *em sua própria atmosfera*, em seu próprio terreno. Essa estreiteza de espírito lhes permite reconhecer o que, numa ciência, lhes "pertence", isto é, o que podem fazer entrar em sua atmosfera e em sua morada; têm sempre a ilusão de recolher sua propriedade dispersa. Se os impedirmos de construir seu próprio ninho, perecem como pássaros sem abrigo. A falta de liberdade os lança na depressão. Se utilizam certos aspectos da ciência à maneira dos outros, serão sempre somente aquelas onde prosperam as sementes e os frutos que lhes são necessários; que lhes importa se a ciência, em seu conjunto, possui regiões incultas ou mal cultivadas? Falta-lhes toda participação impessoal num problema de conhecimento; do mesmo modo que são imbuídos de sua personalidade, todas as suas experiências e todo o seu saber se confundem de novo numa só pessoa, cujas diferentes partes dependem uma da outra, se invadem uma na outra e são alimentadas em comum, e que, em seu conjunto, possui uma atmosfera e um odor que lhe são próprios. – Semelhantes naturezas produzem, por meio das construções epistêmicas que personalizaram, essa *ilusão* que consiste em acreditar que uma ciência (ou mesmo a filosofia por inteiro) atingiu seus limites e chegou a seu fim; a *vida* que há em seu sistema exerce esse encanto; em certas épocas, esse encanto foi muito nefasto para a ciência e enganador para esses trabalhadores do espírito realmente capazes, mas em outras épocas, quando reinavam a seca e o esgotamento, foi como um bálsamo, um sopre refrescante que veio de um calmo lugar de repouso. – Geralmente chamamos semelhantes homens, os *filósofos*.

172 - Reconhecimento do talento

Enquanto ia atravessando um vilarejo, um rapaz se pôs a brandir um chicote com todas as suas forças – tinha se tornado mestre nessa arte e ele o sabia. Lancei-lhe um olhar de reconhecimento – mas no fundo me fazia *horrivelmente mal*. – Muitas vezes agimos pela admiração que temos por muitos talentos. Nós lhes fazemos bem enquanto eles nos fazem mal.

173 - Rir e sorrir

Quanto mais o espírito se torna alegre e seguro de si mesmo, tanto mais o homem desaprende a risada explosiva; em contrapartida, é tomado sem cessar por um sorriso intelectual, sinal de sua surpresa por causa de inumeráveis semelhanças escondidas que há na boa existência.

174 - Divertimento dos doentes

Do mesmo modo que, na penúria da alma, nos arrancamos os cabelos, batemos na testa, dilaceramos as faces ou ainda, como Édipo[70], vazamos os olhos, assim também, contra violentas dores físicas, chamamos em auxílio um sentimento de viva amargura, lembrando-nos, por exemplo, de nossos caluniadores e detratores, escurecendo nosso futuro, lançando mentalmente maldades e punhaladas contra os ausentes. E às vezes é verdade que um diabo expulsa o outro – mas então é outro diabo que temos em nós. Aí está porque é necessário recomendar aos doentes esse outro divertimento que parece contribuir para amenizar as dores: refletir sobre os benefícios e as gentilezas que podemos propiciar aos amigos e aos inimigos.

175 - A mediocridade como máscara

A mediocridade é a mais feliz das máscaras que o espírito superior possa usar, porque a maioria, isto é, o medíocre, não pensa que haja nisso uma modificação; e, no entanto, é por causa dele que o espírito superior se serve dela – para não irritar e, em casos que não são raros, por compaixão e por bondade.

176 - Os pacientes

O pinheiro parece escutar, o abeto parece aguardar; e os dois escutam sem impaciência; - não pensam nesse homenzinho que, a seus pés, é devorado por sua impaciência e por sua curiosidade.

177 - As melhores brincadeiras

Recebo da melhor maneira a brincadeira que se introduz deslizando no lugar de um pensamento pesado e hesitante, como aceito um aceno de mão e um piscar de olhos.

178 - Acessórios de toda veneração

Em todo lugar onde se venera o passado, não se deve deixar entrar os meticulosos que querem fazer tábua rasa. A piedade não se sente bem sem um pouco de poeira, de lixo e de lama.

---

(70) Personagem da mitologia grega que matou o pai e desposou a mãe, sem saber que eram seus pais, pois fora abandonado nas montanhas quando pequeno; ao descobrir a verdade, Édipo vazou seus próprios olhos e sua mãe Jocasta se enforcou (NT).

179 – O grande perigo para os sábios

São justamente os sábios mais distintos e mais sérios que correm o perigo de ver o objetivo de sua vida colocado sempre mais baixo, pois, têm o sentimento de que, na segunda parte de sua existência, se tornarão sempre mais amargos e ranzinzas. Começam por se lançar em sua ciência com vastas esperanças e se atribuem tarefas audaciosas, das quais sua imaginação já antecipa às vezes o fim: há então momentos como na vida dos grandes navegadores que partem para descobertas – o saber, o pressentimento e a força se elevam mutuamente sempre mais alto, até que uma costa distante e nova aparece pela primeira vez diante de seus olhos. Mas o homem rigoroso percebe cada vez mais, ano após ano, como é importante que a tarefa peculiar do pesquisador seja tomada dentro de limites tão restritos quanto possível, para que se possa resolvê-la totalmente e evitar essa insuportável dissipação de forças de que sofriam os períodos anteriores da ciência; todos os trabalhos eram então feitos dez vezes e era sempre a décima primeira que dizia a última palavra, a melhor. Entretanto, quanto mais o sábio aprende a conhecer essa forma de resolver totalmente os problemas, tanto mais a exerce, tanto mais será grande também o prazer que sentirá; mas o rigor de suas pretensões, com relação ao que aqui é chamado "totalmente", crescerá mais ainda. Separa tudo o que nesse sentido deve permanecer incompleto, tem o faro e a ojeriza de tudo o que não se resolve senão pela metade – detesta tudo o que não pode dar uma espécie de certeza a não ser quando tomado em sua generalidade, com contornos vagos. Seus planos de jovem soçobram diante de seus olhos; faltariam apenas alguns nós a desfazer; e é a esse trabalho que o mestre se aplica agora com alegria, afirmando sua força. Então, no meio dessa atividade tão útil e tão infatigável, envelhecido, às vezes é tomado por um profundo desencorajamento, de um sentimento que acaba por retornar sempre com maior freqüência e que se assemelha a uma espécie de tortura de consciência; ele se olha como se visse alguém transformado, diminuído e rebaixado até se tornar um *anão* ágil; ele se inquieta ao saber que o domínio nas pequenas coisas não é uma espécie de comodidade, um falso fugitivo diante das vozes secretas que aconselham conferir mais amplidão à vida. Mas ele pode passar *para o outro lado* – é tarde demais para isso.

180 – Os mestres na época dos livros

Visto que a educação particular e a educação por pequenos grupos se generalizam sempre mais, pode-se praticamente prescindir do educador, tal como existe agora. Amigos ávidos de saber, que querem juntos se apoderar de um conhecimento, encontram na época dos livros um caminho mais simples e mais natural que a "escola" e o "mestre".

181 – A vaidade como a coisa mais útil

Nos tempos primitivos, o indivíduo forte trata não somente a natureza, mas também a sociedade e os indivíduos fracos como objetos de presa; ele os explora tanto quanto puder, depois continua seu caminho. Como vive na incerteza, alternando entre a fome e a abundância, mata mais animais do que pode consumir, pilha e maltrata mais homens do que seria necessário. Sua manifestação de poder é ao mesmo tempo uma expressão de vingança contra seu estado de miséria e de temor; quer, além disso, passar por mais poderoso do que é, aí está porque abusa das ocasiões; o aumento de temor que gera é para ele aumento de poder. Ocasionalmente nota que não é o que é, mas é esse *por que passa* que o sustenta ou o abate: essa é a origem da *vaidade*. O poderoso procura por todos os meios possíveis aumentar a *fé* em seu poder. – Aqueles que estão sujeitos a ele, que tremem diante dele e o servem, sabem, por outro lado, que só valem exatamente aquilo pelo qual são *reputados*; é por isso que trabalham em vista dessa reputação e não em vista de sua satisfação pessoal. Só conhecemos a vaidade sob suas formas mais enfraquecidas quando se mostra somente como sublimada e em pequenas doses, porque vivemos numa época tardia e muito amenizada da sociedade; primitivamente, era a coisa *mais útil,* o meio de conservação mais violento. Ora, a vaidade será tanto maior quanto mais o indivíduo perceber, porque é mais fácil aumentar a crença no poder do que aumentar o próprio poder, mas esse é unicamente o caso para aquele que tiver *espírito* – ou, como se deve dizer para os estados primitivos, para aquele que é *astuto* e *dissimulado*.

182 - Índices meteorológicos da cultura

Há tão poucos índices meteorológicos decisivos da cultura, que se deve ficar feliz por possuir pelo menos um que seja infalível, para servir-se dele em casa e no jardim. Para examinar se alguém é dos nossos ou não – quero dizer se faz parte dos espíritos livres – é necessário informar-se de seus sentimentos perante o cristianismo. Se tomar outro ponto de vista que não o ponto de vista crítico, deve-se voltar-lhe as costas; ele vai nos trazer um ar impuro e mau tempo. – Não cabe mais a nós ensinar a tais homens o que é um vento siroco; eles têm Moisés e os profetas do tempo e da razão; se não quiserem ouvi-los, pois bem!...

183 - A ira e a punição têm seu tempo

A ira e a punição nos foram legadas pela espécie animal. O homem só se emancipa devolvendo aos animais esse presente de batismo. Nisso há de oculto uma das maiores idéias que os homens possam ter, a idéia de um progresso único entre todos os progressos. – Avancemos juntos alguns milhares de anos, meus amigos! Muitas alegrias estão reservadas ainda aos homens, cujo perfume não chegou ainda até os que vivem no presente. Ora, temos o direito de nos permitir essa alegria, de invocá-la e anunciá-la como algo necessário, contanto que o desenvolvimento da razão humana *não se detenha*! Dia virá em que não quereremos mais assumir o pecado *lógico* que se esconde na ira e na punição, praticadas individualmente ou em sociedade; será o dia em que a cabeça e o coração poderão estar tão perto um do outro como afastados estão agora. Lançando um olhar sobre a marcha geral da humanidade, percebemos bastante bem que estão menos distantes um do outro do que estavam primitivamente. E o indivíduo que pode abranger com um olhar toda uma existência de trabalho interior, tomará consciência com uma alegria orgulhosa da distância superada, da aproximação que houve e ousará aspirar por esperanças mais elevadas ainda.

184 – Origem dos "pessimistas"

Um bocado de bom alimento decide muitas vezes se olhamos o futuro com olhos desanimados ou cheios de esperança; isso é verdade nas coisas mais elevadas e mais intelectuais. O descontentamento e as idéias sombrias foram *transmitidas* às gerações atuais pelos esfomeados de outrora. Mesmo com nossos artistas e nossos poetas, apesar da opulência de suas vidas, notamos muitas vezes que não são de boa origem, que seu sangue ou seu cérebro carregam destroços do passado, lembranças de ancestrais mal nutridos e oprimidos durante suas vidas, o que é visível em suas obras, no objeto e nas cores escolhidas. A civilização dos gregos é uma civilização de homens que possuem, cuja fortuna é de origem antiga; viveram melhor que nós por várias gerações (melhor de toda maneira e, antes de tudo, muito mais simplesmente do ponto de vista da alimentação e da bebida); então, por sua vez, o cérebro se tornou tão repleto e tão sutil, o sangue se pôs a circular rapidamente, como um alegre vinho claro. Produziram, portanto, o que há de bom e de melhor, não mais com cores sombrias, cheias de êxtase e de violência, mas com raios de beleza e de sol.

185 – Da morte razoável

O que é mais razoável, deter a máquina quando a obra a ser feita já está pronta – ou deixá-la funcionando até que pare por si, isto é, até que se tenha consumido? Este último procedimento não é um desperdício de custos de manutenção, um abuso das forças e da atenção daqueles que alimentam a máquina? Não se desperdiça inutilmente o que, aliás, seria realmente necessário? Não é propagar uma espécie de desprezo a respeito das máquinas em geral o fato de manter em funcionamento e utilizar tantas delas inutilmente? – Quero falar da morte involuntária (natural) e da morte voluntária (razoável). A morte natural é a morte independente de qualquer vontade, a morte propriamente *irracional*, em que a miserável substância da casca determina a duração do núcleo, em que, por conseguinte, o carcereiro mirrado, doente e estúpido é senhor de determinar o momento em que deve morrer seu nobre prisioneiro. A morte natural é o suicídio da natureza, ou seja, a destruição do ser mais racional pela coisa mais irracional que a ela está ligada. Somente do ponto de vista religioso pode ser diferente, porque então, com justiça, a razão superior (Deus) dá a ordem à qual a razão inferior deve se submeter. Excetuando-se a religião, a morte natural não vale uma glorificação. A sábia disposição a respeito da morte pertence à moral do futuro, que parece inatingível e imoral agora, mas que deve se constituir numa felicidade indescritível perceber sua aurora.

186 – Olhando para trás

Todos os criminosos forçam a sociedade a voltar a graus de civilização anteriores àquele no qual se encontra no momento em que o crime é cometido; eles atuam olhando para trás. Cumpre pensar nos instrumentos que a sociedade é obrigada a criar e manter para sua defesa: o policial, o carcereiro, o carrasco. Cumpre perguntar enfim se o próprio juiz, a punição e todo o procedimento judicial, em seus efeitos sobre o não-criminoso, não são feitos antes para deprimir do que para educar. É que não será mais possível emprestar à legítima defesa e à vingança a veste da inocência; e cada vez que se utiliza e se sacrifica o homem, como um meio para cumprir o objetivo da sociedade, toda a humanidade superior fica entristecida com isso.

187 – A guerra como remédio

Aos povos que se tornam fracos e miseráveis se poderia aconselhar a guerra como remédio, sob a condição, bem entendido, que queiram sob qualquer hipótese continuar vivendo, pois, para o enfraquecimento dos povos, há também uma cura de brutalidade. Mas querer viver eternamente e não poder morrer já é um sintoma de senilidade no sentimento. Quanto mais se vive em amplidão e superioridade, tanto mais rapidamente se está pronto a arriscar a própria vida por um só sentimento agradável. Um povo que vive e sente assim não tem necessidade de guerras.

188 – O transplante intelectual e corporal como remédio

As diferentes civilizações são climas intelectuais, cada um dos quais é particularmente prejudicial ou salutar a esse ou àquele órgão. Visto que é em seu conjunto a ciência das diferentes culturas, a *história* é a ciência *dos remédios*, mas não a própria terapêutica. É por isso que é necessário um médico que utilize essa ciência dos remédios para enviar cada um no clima que lhe é particularmente salutar – por um período somente ou até para sempre. Viver no presente, no seio de uma única civilização, não é suficiente como prescrição universal, muitas espécies de homens infinitamente úteis que não podem respirar em boas condições ali pereceriam. Com a ajuda dos estudos históricos, deve-se dar-lhes *ar* e procurar conservá-los; os homens das civilizações atrasadas têm, eles também, seu valor. Ao lado dessa cura do espírito, é necessário que a humanidade aspire, no tocante às coisas corporais, a saber, por meio de uma geografia médica, quais são as degenerescentes e as doenças que cada região da terra provoca e, ao contrário, quais são os fatores de cura que ela apresenta; é necessário então que os povos, as famílias e os indivíduos sejam transplantados sem cessar e até que nos tenhamos tornado dominadores das enfermidades hereditárias. A terra inteira acabará por ser um conjunto de estações de cura.

189 – A árvore da humanidade e da razão

O que vocês temem com uma senil miopia, como um aumento de população na terra, coloca nas mãos daqueles que têm mais esperança que nós uma tarefa grandiosa: é necessário que a humanidade seja um dia uma árvore que vai dar sombra à terra inteira, com milhares de flores que, todas elas, se tornarão frutos; é por isso que devemos desde já preparar a terra para alimentar essa árvore. Aumentar a seiva e a força que apressará o desenvolvimento já agora, mesmo *mínimo*, fazer circular em inumeráveis canais essa seiva necessária para a nutrição do conjunto e do particular – essas tarefas ou tarefas semelhantes podem ser deduzidas da *medida* utilizada para avaliar se um homem hoje é útil ou inútil. A tarefa não tem limites, é grandiosa e temerária: todos queremos participar, a fim de que a árvore não apodreça antes do tempo! O espírito histórico talvez consiga imaginar o ser humano e a atividade humana, semelhantes, no conjunto do tempo, à organização das formigas, a um formigueiro engenhosamente edificado. Observando-a superficialmente, toda a humanidade nos parece regida pelo instinto, como a organização das formigas. Mas, depois de um exame severo, notamos que povos inteiros se esforçaram, durante séculos, para descobrir e *pôr à prova* novos meios pelos quais é possível fazer o bem à grande coletividade humana e, finalmente, à grande árvore frutífera da humanidade; e, qualquer que seja o dano causado durante essas experiências aos indivíduos, aos povos e às épocas, sempre haverá indivíduos que terão adquirido *sabedoria* e essa sabedoria se espalhará lentamente sobre as medidas que tomarem épocas e povos inteiros. As formigas também erram e se enganam; a humanidade pode muito bem perecer e ressecar, antes do tempo, pela loucura dos meios; não há nem para uma nem para os outros um seguro instinto condutor. Muito pelo contrário, devemos *encarar* essa tarefa grandiosa que consiste em *preparar* a terra para receber uma planta da maior e da mais alegre fecundidade e é uma tarefa da razão para a razão!

190 – O elogio do desinteresse e sua origem

Havia desde muito tempo uma disputa entre dois chefes de quadrinha vizinhos: devastavam as colheitas, roubavam os rebanhos, incendiavam as casas, com sucessos, em última análise, duvidosos, porquanto as duas quadrilhas eram aproximadamente iguais. Um terceiro que, pela situação isolada de seus domínios, podia manter-se distante das disputas, mas que, no entanto, tinha razões para temer o dia em que um desses vizinhos encrenqueiros chegasse a uma preponderância definitiva, finalmente se intrometeu com benevolência e solenidade entre os dois partidos em luta; e secretamente acrescentava a suas proposições de paz um peso sério, dando a entender a cada um dos dois beligerantes que doravante ele ficaria do lado da vítima de qualquer um dos dois que rompesse a paz. Reuniram-se com ele, puseram sobre a mão dele as mãos que até o momento tinham sido os instrumentos e muitas vezes as causas do ódio – fizeram realmente sérias tentativas para manter a paz. Cada um deles viu com surpresa o próprio bem-estar e seus bens aumentarem subitamente, viu no vizinho, em vez de um malfeitor pérfido ou arrogante, um mercador pronto para a compra e venda; e mesmo no caso de necessidade imprevista, podiam aliviar reciprocamente a penúria, em vez de explorar, como havia sido feito até então, a do vizinho e levá-la ao extremo, se possível. Pareceu até que a espécie humana se tivesse desde então tornado mais bela nas duas regiões, pois, os olhos se haviam iluminado, as frontes se haviam livrado das rugas e todos tinham confiança no futuro – nada é mais salutar às almas e aos corpos, nos homens, que essa confiança. Reviam-se todos os anos no dia da aliança, tanto chefes como partidários, e isso em presença do mediador, de quem admiravam e veneravam sua maneira de agir, pois, grande era o benefício de que lhe eram devedores. Denominavam de *desinteressada* essa forma de agir – pois, viam de muito perto a vantagem pessoal que haviam auferido de sua intervenção, mas observaram, além da maneira de agir do vizinho, outra coisa digna de nota: as condições de existência deste não haviam tido a mesma transformação daquelas dos beligerantes reconciliados por ele; pelo contrário, tinham permanecido as mesmas, parecendo, por conseguinte, que ele não tinha tido interesse algum em vista. Pela primeira vez, se dizia que o desinteresse era uma virtude; certamente nas pequenas coisas privadas se havia encontrado muitas vezes casos semelhantes, mas ninguém deu atenção a esse virtude a não ser quando, pela primeira vez, se tornava evidente, como se estivesse escrita no muro em grandes caracteres, legíveis para toda a comunidade. Reconhecidas como virtudes, revestidas de um nome, postas em fórmulas, recomendadas para o uso, tais foram somente as qualidades morais a partir do momento em que decidiram *visivelmente* os destinos e a felicidade de sociedades inteiras. Desde então, em *muitos povos*, a elevação dos sentimentos e o estímulo das forças criadoras interiores se tornaram tão grandes que se passou a oferecer presentes a essas qualidades morais, trazendo cada um o que possuía de melhor: o homem sério punha a seus pés sua seriedade, o homem digno sua dignidade, as mulheres sua doçura, os jovens tudo o que neles há de riqueza em esperança e futuro; o poeta lhes empresta palavras e nomes, os introduzi no círculo dos seres análogos, lhes atribui uma árvore genealógica e acaba por adorar, como fazem os artistas, as criaturas de sua imaginação como divindades novas – *ensina* até mesmo a adorá-las. Foi assim que uma virtude, porque o amor e o reconhecimento de todos a trabalham como se fosse uma estátua, acabou por se tornar uma aglomeração de tudo o que é bom e digno de veneração, a um só tempo uma espécie de templo e de personalidade divina. Ela já surge como uma virtude especial, como um ser à parte, o que não era até o presente, e ela exerce os direitos e o poder de que dispõe uma super-humanidade santificada. – Na Grécia da decadência, as cidades estavam repletas dessas abstrações divinas humanizadas (que se perdoe a palavra singular, por causa da idéia singular); o povo havia elaborado à sua maneira uma espécie de "céu das idéias", à moda platônica, e não creio que se tenha tido a impressão desse habitante celeste menos vivamente que aquela de uma divindade homérica qualquer, já fora de moda.

191 – Tempos de escuridão

Na Noruega chamam de "tempos de escuridão" as épocas em que o sol permanece o dia inteiro abaixo da linha do horizonte; durante esse tempo a temperatura se abaixa sem cessar e lentamente. – Que maravilhoso símbolo para todos os pensadores diante dos quais o sol do futuro humano se escureceu por algum tempo!

192 – O filósofo da opulência

Um pequeno jardim, figos, queijo e, com isso, três ou quatro bons amigos – essa foi a opulência de Epicuro[71].

193 – As épocas da vida

As verdadeiras épocas da vida são esses momentos de parada entre a subida e a descida de uma idéia dominante ou de um sentimento que dirige. Experimenta-se novamente saciedade: todo o resto é sede e fome – ou desgosto.

(71) Epicuro (341-270 a.C.), filósofo grego; seu pensamento filosófico prega o indeterminismo e, na moral, o desfrute de todos os bens materiais e espirituais do mundo com ponderação e medida, a fim de que a excelência desses bens seja percebida em toda a sua plenitude que sempre se reflete na natureza, que é essencialmente boa (NT).

194 - O sonho

Nossos sonhos, para o caso em que, uma vez por exceção, prosseguem e se completam – geralmente o sonho é uma confusão – são encadeamentos simbólicos de cenas e de imagens, em vez do relato em linguagem literária. Modificam os acontecimentos, as condições e os espíritos de nossa vida, com uma audácia e uma previsão poéticas que nos surpreendem sempre na manhã seguinte, quando deles nos lembrarmos. Dissipamos demais nosso senso artístico durante o sono e é por isso que durante o dia somos muitas vezes tão pobres desse senso.

195 - Natureza e ciência

Do mesmo modo que na natureza, também na ciência há os terrenos mais pobres e mais infecundos que são desbastados por primeiro – porque os meios que a ciência *iniciante* possui são mais ou menos suficientes para isso. A exploração das áreas mais fecundas tem como condição uma força enorme e cuidadosamente desenvolvida nos métodos, resultados peculiares já adquiridos e uma equipe de pesquisadores organizados e bem aparelhados – e tudo isso reunido só é encontrado muito tarde. – A impaciência e a ambição se apoderam muitas vezes cedo demais dessas áreas muito fecundas, mas os resultados são nulos. Na natureza, semelhantes tentativas seriam pagas muito caro, pois fariam morrer de fome os primeiros exploradores.

196 - Viver de modo simples

Um gênero de vida simples é difícil hoje; são necessários muito mais reflexão e espírito inventivo do que têm homens até mesmo muito inteligentes. O mais honesto dentre eles poderá talvez dizer ainda: “Não tenho como refletir sobre isso por tanto tempo. O gênero de vida simples é, para mim, um objetivo muito nobre, quero aguardar até que homens mais sábios que eu o tenham encontrado.”

197 - Cumes e montículos

A fecundidade medíocre, o freqüente celibato e, em geral, a frigidez sexual nos espíritos superiores e mais instruídos, assim como nas classes às quais pertencem, são essenciais para a economia da humanidade: a razão reconhece e utiliza esse fato que, num ponto extremo de desenvolvimento cerebral, representa grande perigo de uma progenitura *nervosa*: tais homens são os cumes da humanidade – eles não devem ser prolongar em montículos.

198 - A natureza não faz saltos

Qualquer que seja a rapidez que o homem possa imprimir e embora haja alguma aparência da passagem de uma contradição a outra, olhando mais de perto se descobrirá, no entanto, os *vestígios* da passagem do antigo edifício ao novo. É a tarefa do biografo: deve raciocinar sobre a vida em conformidade com o princípio de que nenhuma natureza faz saltos.

199 - Na verdade, asseado

Quem se veste de trapos bem lavados se veste de modo asseado, mas nem por isso deixa de estar vestido de trapos.

200 - O solitário fala

Como recompensa por muito desgosto, desencorajamento, aborrecimento – tais como os traz consigo necessariamente uma solidão sem amigos, sem livros, sem obrigações e sem paixões – recolhe-se uns quartos de hora de profunda comunhão consigo mesmo e com a natureza. Quem se afasta completamente da natureza se afasta também de si mesmo: jamais lhe será dado beber na taça mais vivificadora que se possa encher em sua fonte interior.

201 – Falsa celebridade

Detesto essas pretensas belezas da natureza que não têm, em última análise, um significado senão do ponto de vista de nossos conhecimentos, sobretudo geográficos, e que permanecem imperfeitas quando as apreciamos do ponto de vista de nosso sentido de beleza: aí está, por exemplo, o Monte Branco visto de Gênova – é algo de insignificante quando não se apela para as alegrias cerebrais da ciência; as montanhas vizinhas são todas mais belas e mais expressivas – mas "estão longe de ser tão altas", acrescenta, para diminuí-las, esse saber absurdo. Neste caso, o olho contradiz o saber: como se poderia alegrar-se verdadeiramente na contradição?

202 - Turistas

Eles sobem na montanha como animais, tolamente e banhados de suor; esquecemos de lhes dizer que há pelo caminho belos panoramas.

203 – Demais e muito pouco

Todos os homens vivem dias demais desta vida e pensam muito pouco: têm a um tempo a cólica e uma fome devoradora, por isso emagrecem à vista, qualquer que seja o alimento que absorvam. – Aquele que disser agora: "Nada me aconteceu ainda" – passa por um imbecil.

204 – Fim e objetivo

Todo fim não é um objetivo. O fim do método não é seu objetivo; entretanto, se a melodia não alcançou seu fim, ela não atingiu seu objetivo. Um símbolo.

205 – Neutralidade da grande natureza

A neutralidade da grande natureza agrada (na montanha, no mar, na floresta e no deserto), mas só por pouco tempo; logo começamos a ficar impacientes. "Essas coisas não querem, pois, *nos* dizer nada? Será que *nós* não existimos para elas?" O sentimento nasce de um *crimen laesae majestatis humanae* (crime de lesa-majestade humana).

206 - Esquecer as intenções

Viajando, geralmente esquecemos o objetivo da viagem. De igual modo, toda profissão é escolhida e assumida como meio para chegar a um objetivo, mas continuada como se fosse o objetivo extremo. O esquecimento das intenções é a besteira mais freqüente que se comete.

207 - Eclíptica da idéia

Quando uma idéia começa a se levantar no horizonte, a temperatura da alma é geralmente muito fria. É pouco a pouco que a idéia desenvolve seu calor e é mais intenso (isto é, que causa seu maior efeito) quando a crença na idéia já está em declínio.

208 - Por que se tem todos contra si

Se alguém ousasse agora dizer: "Quem não está a meu favor está contra mim", teria imediatamente todos contra ele. – Esse sentimento presta honras a nosso tempo.

209 - Ter vergonha da riqueza

Nosso tempo só tolera uma espécie de ricos, aqueles que ficam *envergonhados* com sua riqueza. Se ouvirmos dizer de alguém "ele é muito rico", somos imediatamente tomados de um sentimento análogo àquele que experimentamos diante de uma doença de inchaços repugnantes, a hidropisia ou o excesso de gordura; devemos nos lembrar brutalmente de sua humanidade para poder freqüentar esse rico, a fim de que não perceba nosso sentimento de desgosto. Mas desde que passa a se orgulhar de sua riqueza, nosso sentimento se perturba também por uma surpresa mesclada de compaixão diante de tão notável dose de falta de razão humana, de modo que teríamos vontade de levantar as mãos ao céu e exclamar: "Pobre ser desnaturado, acabrunhado e acorrentado de mil maneiras, a quem cada hora traz ou *pode trazer* algo de desagradável, com que os membros experimentam os contragolpes de *cada* acontecimento que ocorre em vinte povos diferentes, como poderias nos fazer crer que te sentes bem em tua situação? Se apareceres em público em algum lugar, sabemos que é para ti como se passasses sob uma fileira de açoites, sob olhos que só têm por ti ódio frio, descaso ou silencioso escárnio. Talvez seja mais fácil para ti adquirir do que outro, mas o que adquires será supérfluo e pouco prazer te proporcionará; e *conservar* o que adquiriste, para ti isso é *agora* uma coisa mais penosa ainda do que qualquer aquisição difícil. Sofrerás *sem cessar*, pois perdes sem cessar. De que te serve que te injetem artificialmente sangue novo, as ventosas não doem menos, aplicadas sempre em tua nuca! Mas, não sejamos injustos, é difícil, talvez impossível para ti, não ser rico; *é necessário* que conserves, que adquiras mais; a inclinação hereditária de tua natureza te impõe esse *jugo* – uma razão a mais para não nos enganar e ter vergonha, leal e visivelmente, do jugo que carregas; visto que do fundo de tua alma ficas envergonhado e estás descontente em carregá-lo. Essa vergonha não é infamante."

210 - Excesso de arrogância

Há homens tão arrogantes que não sabem elogiar um grande homem que admiram, de outro modo que não seja o de apresentá-lo como um degrau ou uma passagem que conduz até *eles*.

211 - No terreno da vergonha

Aquele que quer eliminar uma idéia dos homens não se contenta geralmente em refutá-la e arrancar o verme do ilogismo que a corrói, pelo contrário, depois de ter matado o verme, toma o fruto inteiro e o joga na lama para torná-lo vil aos olhos dos homens e lhes inspirar desgosto. É assim que julga ter encontrado o meio para tornar impossível essa "ressurreição do terceiro dia" que se pratica com tanta boa vontade com as idéias refutadas. – Ele se engana, pois, é precisamente no *terreno da vergonha*, no meio das imundícies que, do núcleo da idéia, nascem rapidamente novos germes. – Não se deve, portanto, sob hipótese alguma, nem cuspir, nem ridicularizar o que se pretende abolir definitivamente, mas colocá-lo respeitosamente no *gelo* sempre, considerando que as idéias têm a vida dura. Trata-se aqui de seguir a máxima: "Uma refutação não é refutação alguma."

212 - Sorte da moralidade

Visto que a estreiteza dos espíritos está diminuindo, é certo que a moralidade (isto é, a forma de agir hereditária, tradicional e instintiva, *em conformidade com os sentimentos morais*) diminui igualmente, mas não as virtudes peculiares, a moderação, a justiça, a tranqüilidade de alma – pois, a maior liberdade impele involuntariamente o espírito consciente a essas virtudes e as recomenda também por sua *utilidade*.

213 - O fanático da desconfiança e sua garantia

O antigo – Queres tentar o impossível ensinando aos homens? Onde está tua garantia?

Pirro – Aqui está: quero pôr os homens de sobreaviso contra mim, quero confessar publicamente todos os defeitos de minha natureza e revelar aos olhos de todos meus envolvimentos, minhas contradições e minhas tolices. Não me escutem, lhes direi, antes que não me tenha tornado semelhante ao menor dentre vocês e até menor que ele; sublevem-se contra a verdade quanto puderem, por causa do desgosto que lhes causa seu defensor. Serei seu sedutor e seu impostor e ainda encontrarem em mim o menor brilho de consideração e de dignidade.

O antigo – Prometes demais, não poderás carregar esse fardo.

Pirro – Vou dizer também aos homens que sou muito fraco e que não posso manter o que prometi. Quanto maior for minha indignidade, tanto mais vão desconfiar da verdade quando sair de minha boca.

O antigo – Queres, portanto, ensinar a desconfiança da verdade?

Pirro – Uma desconfiança tal que jamais existiu igual no mundo, a desconfiança a respeito de tudo e de todos. É o único caminho que leva à verdade. O olho direito não deve confiar no olho esquerdo e será necessário que, durante algum tempo, a luz se chame escuridão: é o caminho que se deve seguir. Não crês que te levará a árvores frutíferas e à sombra de salgueiros admiráveis? Encontrarás nesse caminho pequenas sementes duras – são as verdades; durante anos, deverás engolir mentiras em quantidade para não morrer de fome, embora saibas que são mentiras. Mas essas pequenas sementes serão semeadas e enterradas no solo e talvez a colheita vai ocorrer um dia:

ninguém tem o direito de *prometê-la*, a menos que seja um fanático.

O antigo – Amigo, amigo! Tuas palavras, elas próprias, são palavras de um fanático!

Pirro – Tens razão! Quero ser desconfiado a respeito de todas as palavras.

O antigo – Então deves ficar calado.

Pirro – Vou dizer aos homens que devo ficar calado e que eles devem desconfiar de meu silêncio.

O antigo – Renuncias, pois, a teu projeto?

Pirro – Pelo contrário – acabas de me indicar a porta por onde devo entrar.

O antigo – Não sei realmente se ainda nos compreendemos perfeitamente.

Pirro – Provavelmente não.

O antigo –Contanto que tu te compreendas bem a ti mesmo!

Pirro se volta rindo.

O antigo – Ai! meu amigo! Calar-se e rir – será essa agora toda a tua filosofia?

Pirro – Não seria a pior.

214 - Livros europeus

Quando lemos Montaigne, La Rochefoucauld, La Bruyère, Fontenelle (particularmente os Diálogos dos mortos), Vauvenargues, Chamfort[72], estamos mais perto da antiguidade do que com qualquer outro grupo de seis autores de outro povo. Com esses seis escritores o espírito dos *últimos séculos* da era *antiga* reviveu novamente – reunidos, formam um elo importante na corrente contínua da Renascença. Seus livros se elevam acima da mudança no gosto nacional e das nuances filosóficas, onde cada livro julga dever cintilar agora para se tornar célebre; contêm mais idéias verdadeiras que todas as obras de filosofia alemã em conjunto; idéias dessa espécie peculiar que cria idéias e que... fico embaraçado para terminar minha definição; em resumo, esses escritores me parecem não ter escrito nem para as crianças nem para os exaltados, nem para as jovens virgens

(72) Michel Eyquem de Montaigne (1533-1592), escritor e pensador francês; François de La Rochefoucauld (1613-1680), escritor francês; Jean de La Bruyère (1645-1696), escritor francês; Bernard Le Bovier de Fontenelle (1657-1757), escritor francês; Luc de Clapiers, marquês de Vauvenargues (1715-1747), escritor francês; Sébastien Roch Nicolas, dito Chamfort (1740-1794), escritor francês (NT).

nem para os cristãos, nem para os alemães, nem para... mais uma vez fico embaraçado para terminar minha lista. – Para formular um elogio bem inteligível, porém, diria que escritas em grego suas obras teriam sido compreendidos pelos gregos. Como, em contrapartida, um próprio Platão teria podido *compreender* escritos de nossos melhores pensadores alemães, por exemplo, Goethe e Schopenhauer[73], para não falar da repugnância que lhe teria inspirado sua maneira de escrever – quero dizer o que têm de obscuro, de exagerado e às vezes de seco e gelado – esses são os defeitos de que esses dois escritores sofrem menos entre os pensadores alemães e sofrem disso ainda! (Goethe como pensador tem de bom grado restringido as nuvens que não se desejaria e não é impunemente que Schopenhauer passeou quase sempre entre os símbolos das coisas antes que entre as próprias coisas). Mas que clareza e que precisão delicada nesses franceses! Os gregos mais sutis teriam sido forçados a aprovar essa arte e há uma coisa que teriam até mesmo admirado e adorado, a *malícia* francesa da expressão: *gostavam* muito desse gênero de coisas sem ser precisamente muito fortes nisso.

215 - Moda e moderno

Em toda parte onde a ignorância, a sujeira e a superstição são ainda habituais, em toda parte onde o comércio é fraco, a agricultura miserável, o clero poderoso, encontramos ainda os *trajes nacionais*. De modo inverso, a *moda* reina onde encontrarmos os indícios do contrário. A moda se encontra, portanto, ao lado das *virtudes* da Europa atual; seria realmente o inverso? – O traje masculino que se conforma à moda, e não mais ao caráter nacional, exprime primeiramente naquele que o veste, que o europeu não quer se fazer notar, nem como *indivíduo* nem como representante de uma classe e de um povo, que se fez da atenuação intencional dessas espécies de vaidades uma lei; em seguida, porque é trabalhador e não tem muito tempo para se vestir e se produzir e também porque tudo o que é precioso e luxuoso no tecido e no arranjo das pregas está em desacordo com seu trabalho; e, finalmente, porque, por seu traje, quer indicar que as

(73) Johann Wolfgang von Goethe (1749-1832), pensador e escritor alemão; Arthur Schopenhauer (1788-1860), filósofo alemão, cuja obra mais conhecida se intitula *O mundo como vontade e como representação* (NT)

profissões sábias e intelectuais são aquelas de que se sente ou gostaria de se sentir mais próximo como homem europeu; enquanto que, por meio dos trajes nacionais que existem ainda, transpareceria o salteador, o pastor ou o soldado que, desse modo, seriam vistos como as condições mais desejáveis, que dão o tom. Há em seguida, nos limites traçados pelo caráter geral das modas masculinas, as pequenas oscilações produzidas pela vaidade dos jovens, pelos elegantes e ociosos das grandes cidades, daqueles, portanto, que, como homens europeus, *não atingiram ainda sua maturidade*. – As mulheres européias chegaram a isso muito menos ainda e porque nelas as oscilações são bem maiores; também elas não querem afirmar sua nacionalidade e detestam ver desmascarada, segundo seus vestidos, sua qualidade de alemã, de francesa, de russa, mas como individualidade gostam de dar na vista; de igual modo, ninguém, pela maneira como estão vestidas, deve ter dúvidas sobre a classe da sociedade a que elas pertencem (é a "boa" sociedade, a classe "superior", a "alta" sociedade) e elas fazem realmente questão de dizer em seu favor que não pertencem verdadeiramente a essa classe ou que mal pertencem a ela. Antes de tudo, porém, a mulher jovem não quer vestir nada do que veste a mulher de mais idade, porque, ao deixar suspeitar que tenha alguns anos a mais do que tem, julga que será menos apreciada; a mulher de idade, por seu lado, gostaria, por meio de uma produção juvenil, iludir tanto quanto possível – uma rivalidade de que resultam sempre modas em que o caráter juvenil se afirma de uma maneira visível e inimitável. Quando o espírito inventivo das jovens mulheres artistas se comprazia durante certo templo em fazer desfilar a juventude ou, para dizer toda a verdade, quando se voltou novamente ao espírito inventivo das antigas civilizações de corte para nelas se inspirar, assim como ao espírito das nações contemporâneas e, em geral, a todo o universo da moda, quando se uniu o espanhol, o turco e a antiguidade grega, para expor belas carnes, acabou-se por descobrir sempre de novo que não se soube agir no melhor dos próprios interesses e que, para impressionar os homens, o jogo de esconde-esconde com as belezas do corpo é mais feliz que a probidade nua ou seminua; e, desde então, a roda do bom gosto e da vaidade recomeça uma vez mais a girar no sentido inverso: as jovens com um pouco mais de idade julgam que seu reino chegou e a luta dos seres mais graciosos e mais absurdos recomeça mais bela ainda. Mas, quanto mais se desenvolve a personalidade das mulheres que, a partir desse momento, não concedem mais a proeminência entre elas a pessoas que não atingiram sua maturidade, tanto mais se tornam fracas essas oscilações no vestuário, tanto mais sua toalete se torna simples. É evidente que não temos o direito de emitir um julgamento sobre essas toaletes inspirando-nos em modelos antigos, não podemos, portanto, tomar como medida o vestuário dos habitantes das costas meridionais, mas devemos considerar as condições climáticas das regiões medianas e setentrionais, daquelas onde o gênio inventivo da Europa, no tocante às formas e às idéias, tem sua pátria mais amada. – No conjunto, não será, portanto, a *mudança* que caracteriza a *moda* e a *modernidade*, pois a mudança é algo de retrógrado e designa os europeus, homens e mulheres, que ainda não chegaram à maturidade; será, bem ao contrário, a negação de tudo o que é vaidade *nacional*, vaidade da *casta* e do *indivíduo*. Em decorrência, é louvável, porque nisso se economiza força e tempo, quaisquer que sejam as cidades e regiões da Europa que, no que se refere ao vestuário, pensam e inventam, em lugar e em substituição a todas as outras, pois devemos considerar que o sentido da forma não é comumente dado a todos; por isso não será uma ambição muito exagerada se Paris, por exemplo, reivindica, enquanto essas oscilações continuarem a subsistir, o direito de ser a única cidade que inventa e inova nesse domínio. Se um alemão, por ódio contra as reivindicações de uma cidade francesa, quer se vestir de outro modo e trajar, por exemplo, a vestimenta de Albrecht Dürer[74], é necessário considerar que, embora vista um traje que era aquele dos alemães de outrora, este não terá sido, contudo, inventado pelos alemães – pois nunca houve vestuário que pudesse caracterizar o alemão como alemão; por outro lado, fará muito bem de dar-se conta da figura que será, vestido desse modo, e do anacronismo que seria mostrar, num traje à Dürer, uma cabeça totalmente moderna com linhas e traços de caráter que o século XIX já sepultou. – Uma vez que as palavras "moderno", "europeu" são aqui quase equivalentes, entendemos por Europa extensões de território bem maiores que aquelas que a Europa geográfica abrange, a pequena quase ilha da Ásia: devemos especialmente compreender a América, porquanto é filha de nossa civilização. Por outro lado, não é toda a Europa que recai na definição

(74) Albrecht Dürer (1471-1528), pintor e gravador alemão (NT).

que damos da "Europa" do ponto de vista da civilização, mas somente esses povos e essas frações de povos que têm um passado comum na Grécia e na Roma antigas, no judaísmo e no cristianismo.

216 – A "virtude alemã"

É inegável que desde o fim do século XVIII uma corrente de despertar moral atravessou a Europa. Foi somente então que a virtude recomeçou a ser eloqüente, aprendeu a encontrar os gestos sem obrigação da exaltação, da emoção, não teve mais vergonha de si mesma e imaginou filosofias e poemas para se glorificar a si própria. Se procurarmos as fontes dessa corrente, encontramos de um lado Rousseau(75), mas o Rousseau místico, que havíamos criado segundo a impressão deixada por suas obras – poderíamos quase dizer: suas obras interpretadas de uma forma mística – e segundo as indicações dadas por ele próprio (ele e seu público trabalharam sem cessar para criar essa figura ideal). A outra origem se encontra na ressurreição do grande latinismo estóico pelo qual os franceses continuaram da maneira mais digna a obra da Renascença. Passaram, com um sucesso maravilhoso, da imitação das formas antigas à imitação dos caracteres antigos, o que lhes confere para sempre um direito às mais elevadas honras, pois, são o povo que deu até o presente à humanidade nova os melhores livros e os melhores homens. Como esse duplo exemplo, aquele do Rousseau místico e aquele do espírito romano ressuscitado, agiu sobre os povos vizinhos mais fracos? Podemos constatá-lo especialmente na Alemanha. Lá, em decorrência de um novo impulso de todo extraordinário para um objetivo sério e grande, na vontade e no domínio de si, acabamos por entrar em êxtase diante de nossa própria virtude e por lançar no mundo a idéia de "virtude alemã", como se não pudesse existir nada de mais original e de mais pessoal que esta. Os primeiros grandes homens que adotaram esse impulso francês para idéias de nobreza e de consciência na vontade moral eram animados por uma lealdade maior e não esqueceram o reconhecimento. O moralismo de Kant(76) – de onde vem? Kant não cessa

(75) Jean-Jacques Rousseau (1712-1778), filósofo e escritor suíço de língua francesa (NT).

(76) Immanuel Kant (1724-1804), filósofo alemão; dentre suas obras, A religião nos limites da simples razão e Crítica da razão prática já foram publicadas nesta coleção da Editora Escala (NT).

de dá-lo a entender: de Rousseau e da Roma estóica ressuscitada. O moralismo de Schiller[77]: mesma fonte e mesma glorificação da fonte. O moralismo de Beethoven na música: é o eterno elogio de Rousseau, dos franceses à antiga e de Schiller. Mais tarde, porém, foi o "jovem alemão" que esqueceu o reconhecimento, pois, durante os anos que haviam decorrido, se havia prestado ouvidos aos pregadores do ódio anti-francês; e esse jovem alemão se fez notar durante certo tempo por mais consciência do que se julga ser permitida em outros jovens. Queria procurar seus pais intelectuais, tinha o direito de pensar em seus compatriotas, em Schiller, em Fichte[78] e em Schleiermacher[79], mas teria de procurar seus avós em Paris e em Genebra e deveria ter a vista bem curta para crer, como ele, que a virtude não tinha mais de trinta anos. Foi então que nos habituamos a exigir que, ao pronunciar a palavra "alemão", a palavra virtude fosse subentendida; e até nossos dias ainda não nos desacostumamos ainda completamente desse jeito de falar e entender. – Esse despertar moral, dito de passagem, só trouxe prejuízo ao *conhecimento* dos fenômenos morais, como poderíamos quase adivinhar e não deixou tampouco de favorecer movimentos retrógrados. O que é toda a filosofia moral alemã desde Kant, com todas as suas ramificações francesas, inglesas e italianas? Um atentado quase teológico contra Helvétius[80], uma reprovação formal da liberdade do olhar, lenta e penosamente conquistada, da indicação do bom caminho que Helvétius tinha acabado de exprimir e resumir da maneira como devia ser feito. Até nossos dias Helvétius é, na Alemanha, o mais inflamado de todos os bons moralistas e de todos os homens de bem.

217 – Clássico e romântico

A expressão de espírito clássico bem como a de espírito romântico – as duas espécies existirão sempre – comportam uma visão de futuro, mas a primeira categoria faz brotar essa visão da *força* de seu tempo e a segunda, de sua *fraqueza*.

(77) Friedrich von Schiller (1750-1805), pensador e escritor alemão (NT).

(78) Johann Gottlieb Fichte (1762-1814), filósofo alemão (NT).

(79) Friedrich Ernst Daniel Schleiermacher (1765-1834), teólogo protestante e filósofo alemão (NT).

(80) Claude Adrien Helvétius (1715-1771), filósofo francês; sua obra principal, *Do espírito*, publicada em 1758, foi proibida, recolhida e queimada em praça pública (NT).

218 – A máquina como ensinante

A máquina ensina por si o encadeamento das multidões humanas nas ações em que cada um só tem uma coisa a fazer: ela fornece o modelo de uma organização dos partidos e da tática militar em caso de guerra. Entretanto, não ensina a soberania individual, pois, faz uma única máquina da maioria e, de cada indivíduo, um instrumento a ser utilizado em vista de um único objetivo. Seu efeito mais geral é ensinar a utilidade da centralização.

219 – Não sedentário

Qualquer que seja o prazer que sentimos em habitar numa pequena cidade, nos sentimos impelidos, de tempos em tempos, por causa dela, a fugir na natureza mais solitária e mais escondida: é o caso quando julgamos conhecer demais a pequena cidade. Para *descansar dessa* natureza, porém, acabamos por voltar para a cidade grande. É suficiente tomar alguns goles nela para adivinhar a borra que está no fundo da taça – e o círculo dos deslocamentos recomeça, com a pequena cidade como ponto de partida. – É assim que vivem os homens modernos: em todas as coisas têm um pouco de *profundidade* demais para serem *sedentários*, como os homens de outros tempos.

220 – Reação contra a civilização das máquinas

A própria máquina produz a mais elevada capacidade intelectual, só põe em movimento, nas pessoas que dela se servem, as forças inferiores e irrefletidas. É verdade que sua ação desencadeia uma soma enorme de forças que de outro modo permaneceria adormecida, mas ela não incita a se elevar, a fazer melhor, a tornar-se artista. Torna *ativo* e *uniforme*, mas isso produz, a longo prazo, um efeito contrário: um aborrecimento desesperado se apodera da alma que aprende a aspirar, pela máquina, a uma ociosidade movimentada.

221 – A periculosidade do Iluminismo

Todas essas coisas loucas, mais da metade histriônicas, bestialmente cruéis, voluptuosas e especialmente sentimentais, todas cheias de uma embriaguez de si que, reunidas, compõem a verdadeira *substância revolucionaria* e que, antes da Revolução, se haviam encarnado em Rousseau – todo esse conjunto acaba também, com um entusiasmo pérfido, por elevar acima da própria cabeça fanática o Iluminismo; esse movimento adquiriu assim uma espécie de brilho de glória. O Iluminismo, que é fundamentalmente estranho a todas essas coisas, teria passado, entregue a si mesmo, como um raio de luz atravessando as nuvens, e se teria contentado por muito tempo em só transformar os indivíduos, de modo que, sob seu impulso, os costumes e as instituições dos povos só seriam transformadas também muito lentamente. Mas, ligado a um organismo violento e impetuoso, o Iluminismo se tornou ele próprio violento e impetuoso; o perigo que apresenta se tornou quase maior que a utilidade libertadora e a luz com que penetrou o vasto movimento revolucionário. Quem compreender isso saberá também de que confusão se deve livrar esse movimento, de que impurezas se deve purgá-lo, a fim de continuar a obra do Iluminismo em si e abafar, em seu germe, a revolução, e fazer com que esta não aconteça.

222 – A paixão na Idade Média

A Idade Média é a época das maiores paixões. Nem a antiguidade, nem nossos tempos possuem essa extensão da alma: a *capacidade* desta jamais foi maior e jamais se mediu numa escala tão grande. A estrutura física da floresta virgem, própria dos povos bárbaros, os olhos de uma espiritualidade doentia, alucinados e demasiado brilhantes, próprios dos discípulos cristãos do mistério, o andar infantil e muito jovem, bem como a maturidade demasiada e a senilidade, a brutalidade do animal selvagem e o excesso de delicadeza e de refinamento que são próprios da alma na antiguidade tardia – tudo isso se encontrava então frequentemente reunido numa só pessoa; é por isso que, ao acontecer que alguém fosse tomado de paixão, era necessário que os limites do sentimento fossem mais formidáveis, o turbilhão mais revolto, a queda mais profunda do que nunca. – Nós, homens modernos, devemos estar satisfeitos com o dano que sofremos.

223 - Roubar e poupar

Todos os monumentos intelectuais têm sucesso quando têm como conseqüência, entre os ricos, a esperança de poder roubar e, entre os pobres, a esperança de poder poupar. É por isso que, por exemplo, a Reforma alemã fez progressos.

224 - Almas alegres

Depois de beber, no momento em que a embriaguez começa, se acaso se fizesse alusão, mesmo de longe, a alguma sujeira de tipo malcheiroso, a alma dos velhos alemães se regozijava – caso contrário, ficavam de mau humor. Mas nesse estado eles tinham sua espécie de compreensão íntima.

225 - Atenas licenciosa

Mesmo quando o mercado de peixes de Atenas encontrou seus poetas e seus pensadores, a licenciosidade grega ainda conservou, no entanto, um aspecto mais idílico e mais distinto que a licenciosidade romana e alemã. A voz de Juvenal[(81)](80) teria ressoado como uma trombeta oca: uma risada amável e quase infantil lhe teria respondido.

226 - Sabedoria dos gregos

Visto que a vontade de vencer e de dominar é um traço invencível da natureza, mais antigo e mais original que a estima e a alegria da igualdade, o Estado grego sancionou a luta ginástica e musical entre iguais, delimitando assim uma arena onde esse instinto podia se descarregar, sem colocar em perigo a ordem política. Quando os concursos de música e de ginástica degeneraram definitivamente, o Estado grego foi tomado por perturbações internas e se desagregou.

---

(81) Decimus Junius Juvenalis (60-130), poeta latino que, em sua obra *Satirae* (Sátiras), ridiculariza os costumes de sua época (NT).

227 – "O eterno Epicuro"

Epicuro[82] viveu desde todos os tempos e vive ainda, desconhecido para aqueles que se chamavam ou que se chamam epicuristas e sem reputação junto dos filósofos. Por isso ele esqueceu seu próprio nome; era o mais pesado fardo que jamais tinha jogado para longe dele.

228 – O estilo da superioridade

A maneira de falar dos estudantes alemães se formou entre os estudantes que não estudam e que sabem adquirir uma espécie de preponderância sobre seus colegas mais sérios, mostrando o lado mascarado que se encontra naquilo que representa a cultura, a decência, a erudição, a ordem, a moderação, ao mesmo tempo que continuam sem cessar, é verdade, a servir-se das expressões utilizadas nesses domínios como fazem os melhores e os mais sábios, mas com maldade no olhar e com uma careta ofensiva. É essa linguagem da superioridade – a única que é original na Alemanha – que involuntariamente os homens de Estado e os críticos dos jornais também falam: uma perpétua mania da citação irônica com piscar de olhos inquietos e descontentes à direita e à esquerda, uma língua alemã feita de aspas e caretas.

229 – Aqueles que se enterram

Nós nos retiramos não talvez por alguma razão de mau humor pessoal, como se não estivéssemos satisfeitos com as condições políticas e sociais do presente, mas antes para poupar e acumular, com nossa retirada, forças de que a cultura vai ter absolutamente necessidade *mais tarde* e isso na medida em que o presente de hoje for esse presente e, como tal, realizar sua tarefa. Formamos um capital e procuramos colocá-lo ao abrigo, do mesmo modo que épocas totalmente perigosas o *enterravam* profundamente no solo.

(82) Epicuro (341-270 a.C.), filósofo grego; seu pensamento filosófico prega o indeterminismo e, na moral, o desfrute de todos os bens materiais e espirituais do mundo com ponderação e medida, a fim de que a excelência desses bens seja percebida em toda a sua plenitude que sempre se reflete na natureza, que é essencialmente boa (NT).

230 – Tiranos do espírito

Em nossos tempos, todo indivíduo que fosse a expressão de um único traço moral, tão claramente como o são os personagens de Teofrasto(83) e de Molière(84), passaria por doente e seria acusado de ter uma "idéia fixa". A Atenas do século III, se pudéssemos nos transportar nela, nos pareceria habitada por loucos. Em cada cérebro hoje reina a democracia das idéias – muitas idéias juntas fazem as vezes de senhor; se uma só idéia quisesse dominar, seria chamada "idéia fixa". Essa é nossa maneira de matar os tiranos – nós evocamos a casa dos alienados.

231 – A emigração mais perigosa

Na Rússia, há uma emigração da inteligência: atravessa-se a fronteira para ler e escrever bons livros. Mas desse modo se chega a transformar sempre mais a pátria abandonada pelo espírito numa espécie de goela avançada da Ásia que gostaria de devorar a pequena Europa.

232 – As loucuras do Estado

O amor quase religioso pela pessoa do rei foi transferido, entre os gregos, para a *polis* (cidade), quando a realeza foi abolida. Uma idéia tolera mais amor que uma pessoa e, de modo especial, cria menos decepções a quem ama (pois, quanto mais os homens se sentem amados, mais faltam geralmente de respeito, acabando por não serem mais dignos de amor e causar uma ruptura). É por isso que a veneração pela *polis* e pelo Estado foi muito maior do que jamais havia sido antes pelos príncipes. Os gregos são os *loucos pelo Estado* na história antiga – na história moderna, outros povos o são.

---

(83) Teofrasto (372-288 a.C.), filósofo grego, sucessor de Aristóteles na direção da Escola de Atenas e considerado o fundador dos estudos de botânica; escreveu obras de botânica e também livros de comportamento moral e social (NT).

(84) Jean-Baptiste Poquelin, dito Molière (1622-1673), dramaturgo francês (NT).

233 – Contra aqueles que não cuidam de seus olhos

Não seria possível demonstrar nas classes instruídas da Inglaterra que lêem o *Times* uma diminuição da acuidade visual que iria aumentando de dez em dez anos?

234 – Grandes obras e grande fé

Este possuía as grandes obras, mas seu companheiro possuía grande fé nessas mesmas obras. Eram inseparáveis, manifestamente o primeiro dependia completamente do segundo.

235 – O sociável

"Não me sinto bem comigo mesmo", dizia alguém para explicar sua inclinação para a sociedade. "O estômago da sociedade é melhor que o meu, pois me suporta."

236 – Fechar os olhos do espírito

Se estivermos exercitados e habituados a refletir na ação, seremos, no entanto, obrigados a fechar os olhos interiores durante a ação (mesmo que fosse para escrever uma carta, para comer ou beber). Até mesmo na conversa com homens médios, devemos nos dispor a *pensar* com os olhos do espírito fechados – pois, é a única maneira de alcançar e compreender o pensamento médio. Essa ação de fechar os olhos pode ser feita de forma evidente e voluntariamente.

237 – A vingança mais terrível

Queremos a todo custo *vingar*-nos de um adversário; devemos esperar ter nas mãos muitas verdades e juízos de que poderemos friamente nos servir contra ele, embora: exercer a vingança equivale a exercer a justiça. É o gênero de vingança mais espantoso: ela não tem acima dela nenhuma instancia a que pudesse ainda apelar. Foi assim que Voltaire[85] se vingou de Piron[86], com cinco linhas que pronunciam um julgamento sobre toda a sua vida, toda a sua obra e toda a sua atividade; foi assim que se vingou também de Frederico, o Grande[87] (numa carta que lhe endereçou de Ferney[88]).

238 - Imposto do luxo

Compramos nas lojas as coisas necessárias e as mais indispensáveis e as pagamos bem caro, pois, nos fazem pagar ao mesmo tempo o que há ainda de mercadorias a vender e que só raramente tem comprador: os objetos de luxo e as coisas supérfluas. É desse modo que o luxo põe um imposto permanente sobre as coisas simples que podem prescindir dele.

239 - Por que os mendigos sobrevivem

Se todas as esmolas só fossem dadas por compaixão, todos os mendigos já estariam mortos de fome.

240 - Por que os mendigos sobrevivem

A maior dispensadora de esmolas é a covardia.

241 - Como o pensador utiliza uma conversa

Sem ser precisamente alguém que sabe ouvir, pode-se ouvir muito se acaso se aprendeu a ver, mesmo se perdendo de vista por certo tempo. Os homens, porém, não sabem utilizar uma conversa; prestam demasiada atenção ao querem dizer e responder, enquanto que o verdadeiro *ouvinte* se contenta às vezes em responder provisoriamente e em *dizer* simplesmente alguma coisa, como um gesto de delicadeza, guardando, contudo, em sua memória cheia de recantos

(85) François Marie Arouet, dito Voltaire (1694-1778), filósofo e escritor francês (NT).
(86) Alexis Piron (1689-1773), escritor francês, autor de comédias, sátiras e monólogos (NT).
(87) Frederico, o Grande (1712-1786), rei da Prússia de 1740 a 1786 (NT).
(88) Localidade francesa onde Voltaire residiu de 1758 a 1778, hoje chamada Ferney-Voltaire (NT).

tudo o que o outro formulou, além do tom e da atitude em seu discurso. – Na conversa habitual, cada um julga dirigir a discussão, como se dois navios que navegam um ao lado do outro e que de vez em quando se chocam levemente tivessem a ilusão de preceder ou mesmo de rebocar o navio vizinho.

242 - A arte de se desculpar

Quando alguém quer se desculpar diante de todos, deve fazê-lo com muita habilidade, caso contrário, arrisca nos persuadir que somos nós os faltosos, o que produz uma impressão desagradável.

243 - Relações impossíveis

O navio de tuas idéias tem um empuxe demasiado forte para que possas navegar nas águas dessas pessoas cordiais, honestas e prestativas. Há muitos baixios e bancos de areia: terias de navegar contra o vento e de viés e estar num embaraço continuo, além do que essas pessoas se embaraçariam igualmente diante de teu embaraço, do qual não poderiam adivinhar a causa.

244 - A raposa das raposas

Uma verdadeira raposa não diz somente que são muito verdes as uvas que não pode alcançar, mas também aquelas que alcança e das quais priva as outras.

245 - Relações íntimas

Qualquer que seja a estreita comunhão que reina entre certos homens, sob seu horizonte comum haverá sempre para eles quatro orientações diferentes e, em certas horas, não vão perceber.

246 - O silêncio do desgosto

Aí está alguém que, pensador e homem, sofre uma transformação profunda e dolorosa e que o declarou publicamente. Os ouvintes, porém, não percebem, imaginando que ele continua o mesmo! – Essa experiência dolorosa já inspirou desgosto a muitos escritores: tinha avaliado muito alta a intelectualidade dos homens e, a partir do momento que percebeu seu erro, prometeu calar-se.

247 – Seriedade dos negócios

Os negócios de certo homem, rico e nobre, são sua maneira de descansar de uma demasiado longa *ociosidade* tornada habitual: é por isso que os trata com tanta seriedade e paixão como fazem os outros para seus raros momentos de lazer e suas ocupações de passatempo.

248 – Ambigüidade dos olhos

Do mesmo modo que ocorre às vezes na água que se estende a teus pés um pequeno tremor brusco que a faz refletir a luz, como se estivesse coberta de escamas, assim também se vê às vezes nos olhos humanos essas incertezas repentinas e essas ambigüidades, a propósito dos quais se pergunta: É um estremecimento? É um sorriso? Serão ambos?

249 – Positivo e negativo

Esse pensador não tem necessidade de ninguém para refutá-lo: ele mesmo se encarrega disso.

250 – A vingança das redes vazias

Desconfiem de todas as pessoas acometidas de um sentimento amargo semelhante ao do pescador que, depois de uma jornada de trabalho penoso, retorna à tarde com as redes vazias.

251 – Não fazer valer seu direito

Exercer o poder custa trabalho e requer coragem. Por causa disso há tantos que não fazem valer seu justo direito, visto que esse direito é uma *espécie de poder* e são muito preguiçosos ou muito covardes para exercê-lo. *Mansidão* e *paciência*, assim são denominadas as virtudes que encobrem esse defeito.

252 – Portadores de luz

Não haveria raios de sol na sociedade se os bajuladores de nascença não os fizessem penetrar nela; quero falar das pessoas amáveis.

253 – O mais caridoso

O homem é mais caridoso quando, depois que comeu um pouco, se lhe presta uma grande homenagem.

254 – Em direção à luz

Os homens se dirigem para a luz, não para ver melhor, mas para brilhar mais. Considera-se de bom grado como uma luz aquele diante de quem a gente brilha.

255 – O hipocondríaco

O hipocondríaco é um homem que possui bastante espírito e alegria de espírito para levar a sério seus sofrimentos, suas perdas, seus defeitos: mas a área na qual procura seu alimento é muito restrita; ele a despoja de tal modo que deve procurar fio por fio de erva. Isso acaba por torná-lo invejoso e avarento – e então é insuportável.

256 - Restituir

Hesíodo[89] aconselha restituir, desde que o possamos, se possível em medida mais ampla, ao vizinho que nos ajudou. De fato, o vizinho sente grande prazer ao ver sua benevolência de outrora lhe render juros; mas aquele que restitui tem também seu prazer, no sentido que resgata por um pequeno excedente uma pequena humilhação que teve de sofrer outrora, ao pedir ajuda.

(89) Hesíodo (séc. VIII a.C.), poeta grego, considerado o pai da poesia didática; suas principais obras são *Os trabalhos e os dias, Teogonia e Escudo de Héracles;* a passagem relembrada por Nietzsche se encontra em *Os trabalhos e os dias, versos 349-35*1 (NT).

257 – Mais sutil que o necessário

O espírito de observação que utilizamos para descobrir se os outros percebem nossas fraquezas é muito mais sutil que o espírito de observação que utilizamos para descobrir as fraquezas dos outros; disso resulta, por conseguinte, que nosso espírito de observação é mais sutil que o necessário.

258 – Uma espécie clara da sombra

Imediatamente ao lado dos homens realmente poderosos se encontra geralmente, como ligada a eles, uma alma de luz. É, de alguma forma, a sombra negativa que projetam.

259 – Não se vingar?

Existem tantas variedades sutis de vingança que aquele que tivesse motivo de se vingar poderia, em suma, agir como melhor lhe parecesse: todos estariam de acordo no fim de certo tempo para dizer que se vingou. A passividade, que consiste em não se vingar, não depende, portanto, do real querer de um homem: este não tem até mesmo o direito de exprimir *seu desejo* de não se vingar, uma vez que o desprezo da vingança é interpretado e *considerado* como um vingança sublime e muito evidente. – Disso resulta que nada se deve fazer de *supérfluo.*

260 – Erro de cortesia

Qualquer um pode crer que está dizendo a um pensador algo que o honra e que lhe é agradável ao lhe mostrar que chegou, por si, exatamente ao mesmo pensamento dele e, mais ainda, à mesma expressão desse pensamento; e, no entanto, é muito raro que o pensador se regozije com semelhante comunicação; bem pelo contrário, ocorre muitas vezes que então se torna desconfiado de seu próprio pensamento e da forma como o expressou: decide, uma vez sozinho, submeter os dois, pensamento e expressão, a uma revisão. – Quando queremos prestar honras a alguém, devemos evitar de expressar concordância, pois, ela reduz ao mesmo nível. – Em muitos casos, é questão de habilidade mundana escutar uma opinião como se não fosse nossa e mesmo como se ultrapassasse nosso horizonte: por exemplo, quando um ancião cheio de experiência abre uma vez, por exceção, as gavetas de sua sabedoria.

261 - Carta

A carta é uma visita que não se faz anunciar, o carteiro é o intermediário dessas surpresas descorteses. A cada oito dias se deveria ter uma hora para receber a própria correspondência e depois tomar um bom banho.

262 – O prevenido

Alguém dizia: Estou *prevenido contra mim mesmo* desde a mais tenra infância; é por isso que encontro em cada repreensão algo de verdade, em cada elogio algo de tolice. Geralmente coloco muito baixo a repreensão e muito alto o elogio.

263 – Caminho para a igualdade

Uma hora de subida nas montanhas faz de um patife e de um santo duas criaturas aproximadamente semelhantes. A fadiga é o caminho mais curto para a *igualdade* e a *fraternidade* – e durante o sono a *liberdade* acaba por se juntar a elas.

264 - Calúnia

Caso se encontre vestígio de uma suspeita realmente infamante, nunca se deve procurar a fonte entre os próprios *inimigos* leais e simples, pois, se estes inventassem contra nós semelhante coisas, não mereceriam, como nossos inimigos, nenhuma confiança. Mas aqueles a quem fomos mais úteis durante certo tempo e que, por uma razão qualquer, podem estar secretamente certos de não obter mais nada de nós – esses são capazes de espalhar uma infâmia; merecem confiança, por um lado, porque se admite que não inventariam nada que pudesse prejudicá-los pessoalmente, por outro lado, porque aprenderam a nos conhecer mais de perto. – Para se consolar, aquele que é assim caluniado pode dizer: as calúnias são doenças dos outros que acometem nosso próprio corpo; demonstram que a sociedade é um só organismo (moral), de modo que tu podes providenciar *em ti mesmo* a cura que deve ser útil *aos outros*.

265 – O reino dos céus das crianças

A felicidade das crianças é um mito idêntico ao da felicidade dos hiperbóreos[90] de que falam os gregos. Se a felicidade realmente habita na terra, diziam estes, deve ser certamente tão longe quanto possível de nós, talvez lá nos confins da terra. Os homens de certa idade pensam do mesmo modo: se o homem pode realmente ser feliz, é certamente tão longe quanto possível de *nossa idade*, nos limites e no início da vida. Para alguns, através do véu desse mito, o aspecto da criança é a maior alegria que possa haver; a própria criança penetra no átrio do céu, pois dela se diz: "Deixem vir a mim as crianças, pois delas é o reino dos céus." – De uma forma ou de outra, o mito do céu das crianças correu por toda parte onde há no mundo moderno algo como sentimentalidade.

266 – Os impacientes

Quem está justamente em seu vir-a-ser não pode admitir o vir-a-ser: é muito impaciente para isso. O jovem não quer esperar que, depois de longos estudos, sofrimentos e privações, seu quadro dos homens e das coisas se complete: aceita, portanto, em confiança, outro inteiramente terminado que lhe é oferecido, como se nele encontrasse de antemão as linhas e as cores de *seu* quadro; ele acorre a um filósofo, a um poeta, mas deverá prestar serviços gratuitos por muito tempo, acabando por renegar-se a si mesmo. Aprende assim muitas coisas, mas muitas vezes esquece também o que é mais digno de ser aprendido – o conhecimento de si mesmo; permanece, por conseguinte, um partidário durante toda a sua vida. Ai! Deve-se dominar muito aborrecimento e trabalhar com o suor da própria fronte até

(90) Os h0iperbóreos eram um povo mítico que os gregos localizavam no norte da Europa (NT).

que se tenha encontrado as próprias cores, o pincel, a tela! – E fica-se ainda muito longe de ser senhor de sua própria arte de viver – pelo menos se trabalha como senhor em seu próprio ateliê.

267 – Não há educadores

Como pensador, não se deveria falar senão de educação de si. A educação da juventude dirigida pelos outros é, seja uma experiência realizada em qualquer coisa de desconhecido e de incognoscível, seja um nivelamento por princípio para *tornar* novo o ser, qualquer que seja, conforme aos hábitos e aos costumes reinantes: é, nos dois casos, alguma coisa que é indigna do pensador, é a obra dos pais e dos pedagogos que um homem leal e audacioso chamou de *nossos inimigos naturais* – somos educados há muito tempo segundo as opiniões do mundo, acabamos um dia por nos *descobrirmos a nós mesmos*; então começa a tarefa do pensador e é tempo de pedir sua ajuda – não a título de educador, mas como aquele que se educou a si mesmo e tem experiência.

268 – Compaixão para com a juventude

Ficamos com pena quando ouvimos dizer que um jovem já perdeu seus dentes ou quando outro começa a ficar cego. Se soubéssemos tudo o que há de irrecuperável e de desesperador em sua natureza, ficaríamos com muito mais pena ainda! – Por que tudo isso nos faz *sofrer*? Porque a juventude deve continuar o que *nós* empreendemos e que o menor atentado à sua força vai trazer prejuízo à *nossa* obra quando recair em suas mãos. É a compaixão que nos dá a garantia insuficiente de nossa imortalidade ou, para o caso em que nos considerássemos somente como os executores da missão humana, a pena de ver que essa missão deve passar para mãos mais fracas que as nossas.

269 – As idades da vida

A comparação das quatro estações com as quatro idades da vida é uma verdadeira asneira. Os primeiros vinte anos não correspondem a uma estação, a menos que nos contentemos com essa metáfora que compara a cor branca dos cabelos com a cor da neve ou outras brincadeiras desse tipo. Os primeiros vinte anos são uma preparação para a vida em geral, para o ano inteiro da vida, como uma espécie de dia do ano prolongado, enquanto que os últimos vinte anos passam em revista, assimilam, ordenam e harmonizam tudo o que vivemos, como fazemos na infância, no dia de são Silvestre, para todo o ano decorrido. Entre essas duas idades, porém, há de fato um período que sugere essa comparação com as estações: é o intervalo que se estende dos vinte aos cinqüenta anos (para contar em bloco, por dezenas, pois, depende de cada um estabelecer, para seu próprio uso, esses limites gerais). Essas três dezenas respondem a três estações: verão, primavera e outono. – Quanto ao inverno, a vida humana não o tem, a menos que queiramos dar o nome de inverno a esses meses duros, frios, solitários, mornos e estéreis, esses *meses de doença* que, ai! não são muito raros. – De vinte a trinta anos: anos quentes, incômodos, tempestuosos, de produção superabundante e de fadiga, nos quais bendizemos o dia quanto termina, enxugando a fronte, nos quais o trabalho parece duro mas necessário – esses anos são o verão da vida. De trinta a quarenta, são os anos da *primavera*: atmosfera muito quente ou muito fria, sempre agitada e estimulante; transbordamento de seiva, vegetação luxuriante e floração em toda parte, encanto mágico e freqüente das manhãs e das noites deliciosas, trabalho em que o canto dos pássaros nos convida ao despertar e que adoramos de todo o nosso coração porque é o pleno desfrute de nosso próprio vigor, acrescido de apetitosas esperanças antecipadas. De quarenta a cinqüenta, finalmente, são os anos cheios de mistério, como tudo o que há de imóvel, semelhantes a um vasto planalto das altas montanhas, acariciado por uma brisa fresca, sob um céu puro e sem nuvens que, dia e noite, olha a terra com a mesma serenidade: o tempo da colheita e da alegria mais cordial – é o *outono* da vida.

270 – O espírito das mulheres na sociedade atual

Qual é hoje o pensamento das mulheres a respeito do espírito dos homens? Nós o adivinhamos na maneira pela qual elas deixam de sublinhar particularmente a intelectualidade de seus traços ou os detalhes espirituais de seu rosto e, antes de tudo isso, pensam em coisa totalmente diferente: pelo contrário, fazem todo o possível para esconder essas qualidades e sabem se conferir, cobrindo, por exemplo, a frente de seus cabelos, a expressão de uma sensualidade e de uma materialidade viva e cheia de apetites, especialmente se possuem em baixo grau essas qualidades. Sua convicção de que o espírito na mulher assusta os homem vai tão longe que renegam de bom grado a acuidade da inteligência para atrair sobre si intencionalmente a reputação de uma vista curta: pensam dar confiança aos homens; é como se estendessem em torno delas o convite de um doce crepúsculo.

271 – Grande e perecível

O que leva os espectadores às lágrimas é o olhar de alegria extática que uma bela jovem lança a seu marido. Nisso se sente toda a melancolia do outono, tanto por causa da imensidão como por causa da perecibilidade da felicidade humana.

272 – Sentido do sacrifício

Certa mulher possui o *intelecto do sacrifício* e não chega mais a se regozijar com sua própria vida quando seu esposo não quer sacrificá-la: então não sabe mais o que fazer de sua razão e, imperceptivelmente, de vítima se torna sacrificadora.

273 – O pouco feminino

"Tolo como um homem", dizem as mulheres; "covarde como uma mulher", dizem os homens. A tolice é na mulher o que é *pouco feminino*.

274 – Os temperamentos masculino e feminino e a imortalidade

O sexo masculino possui um temperamento pior que o do sexo feminino e isso está ligado ao fato de que as crianças do sexo masculino estão mais expostas à mortalidade que as crianças do sexo feminino, aparentemente porque se exasperam mais facilmente: sua selvageria e sua intransigência agravam facilmente todos os males até torná-los mortais.

275 – O tempo das construções ciclópicas

A democratização da Europa é irresistível: quem quer entravá-la usa meios que a idéia democrática foi a primeira a colocar nas mãos de todos e torna esses próprios meios mais cômodos a manejar e mais eficazes; os adversários convictos da democracia (quero dizer os espíritos revolucionários) só parecem existir para impelir os diferentes partidos, pelo medo que inspiram, sempre mais longe nas vias democráticas. Pode ocorrer, contudo, que sejamos tomados por certa apreensão com relação àqueles que trabalham agora consciente e honestamente em vista desse futuro; há algo de desolador e de uniforme em seu rosto e a poeira cinzenta parece se ter abatido até sobre seu cérebro. Apesar de tudo, é bem possível que a posteridade se ponha um dia a rir de nossos temores e que pense no trabalho democrático de várias gerações, mais ou menos da mesma maneira que nós pensamos na construção dos diques de pedra e das fortificações – como numa atividade que espalha necessariamente poeira nas roupas e no rosto e que, inevitavelmente, torna também os operários que nela trabalham um pouco idiotas; mas quem, pois, por essa razão, gostaria de que tudo isso não tivesse sido feito! Parece que a democratização da Europa seja um anel na corrente dessas enormes *medidas profiláticas* que são a idéia dos novos tempos e nos separem da Idade Média. Somente agora é que estamos no tempo das construções ciclópicas! Enfim, possuímos a segurança dos fundamentos que vai permitir ao futuro construir sem perigo! A partir de então, é impossível que os campos da civilização sejam destruídos, numa única noite, pelas águas selvagens e estúpidas da montanha. Temos fortificações e muros de proteção contra os bárbaros, contra as epidemias, contra a *escravidão corporal e intelectual*! E tudo isso, entendido de início literalmente e de modo abrangente, mas aos poucos de um ponto de vista sempre mais elevado e mais intelectual, de modo que todas as medidas aqui indicadas parecem ser a preparação espiritual para a vinda do artista superior na arte dos jardins, que só poderá assumir sua verdadeira tarefa quando essa preparação estiver inteiramente concluída! – É verdade, visto os grandes espaços de tempo que separam os meios do fim, a dificuldade enorme, uma dificuldade que põe em ação o espírito e a força de séculos inteiros e que é necessária para criar ou para conduzir cada um desses meios, não devemos nela envolver demais os operários do presente se afirmarem em alta voz que o muro e a paliçada já são o fim e o fim último, uma vez que ninguém viu e vê ainda o jardineiro nem as plantas em vista dos quais a paliçada está lá.

276 – O direito do sufrágio universal

O povo não se deu a si mesmo o sufrágio universal; em toda parte onde este está em vigor hoje, o povo o recebeu e o aceitou provisoriamente; de qualquer maneira, tem o direito de restituí-lo se não chegar a satisfazer a suas esperanças. Isso parece ser o caso agora em toda parte: se, por ocasião das eleições, apenas dois terços dos eleitores, e muitas nem a maioria, se apresentam às urnas, pode-se dizer que esse é um *voto* contra o sistema em seu conjunto. – Seria necessário até mesmo julgar aqui com mais severidade ainda. Uma lei que determina que é a maioria que decide em última instancia o bem de todos não pode ser edificada sobre uma base obtida precisamente por essa lei; deve-se ter necessariamente uma base mais ampla e essa base é a *unanimidade de todos os sufrágios*. O sufrágio universal não pode ser somente a expressão da vontade de uma maioria; é necessário que o país inteiro o deseje. É por isso que a contradição de uma pequena minoria já é suficiente para torná-lo impraticável: e a *não-participação* num voto é precisamente uma dessas contradições que derruba todo o sistema eleitoral. O "veto absoluto" do indivíduo ou, para não nos perdermos em minúcias, o veto de alguns milhares de indivíduos plana sobre esse sistema e é uma conseqüência da justiça; a cada uso que se faz do sufrágio universal, seria necessário demonstrar, segundo a participação, que ainda existe e *de direito*.

277 – A má conclusão

Que más conclusões tiramos nas áreas que não nos são familiares, quando na qualidade de homens de ciência, temos o hábito de tirar boas conclusões! É vergonhoso dizê-lo. É claro que, nas coisas da política, em tudo o que os acontecimentos de cada dia têm de repentino e de apressado, é precisamente essa espécie de *conclusão defeituosa* que decide; ninguém se adapta logo e totalmente às coisas novas que brotaram numa noite; mesmo nos maiores homens de Estado, toda política é de improvisação ao acaso dos acontecimentos.

278 – Premissa da idade das máquinas

A imprensa, a máquina, a ferrovia, o telegrafo são premissas de que ninguém ousou ainda tirar a conclusão que virá daqui a mil anos.

279 – Um entrave da civilização

Quando ouvimos: aqui os homens não têm tempo para os negócios produtivos; o exercício das armas e os deslocamentos lhes tomam todos os dias e é necessário que o resto da população os alimente e os vista; mas sua roupa é vistosa, muitas vezes de cores variadas, como se proviesse de uma máscara; aqui se admite muito pouco qualidades distintivas, os indivíduos se assemelham mais que em qualquer outro lugar ou, pelo menos, são tratados como se fossem iguais; aqui se exige obediência e se obedece sem compreender; ordena-se, mas se evita tentar convencer; aqui as punições são pouco numerosas, mas seu pequeno número está repleto de dureza e muitas vezes chega ao extremo, ao pior; aqui a traição é considerada como o maior crime, os mais corajosos são os únicos que ousam criticar os abusos; aqui a vida tem pouco preço e a ambição se manifesta muitas vezes de tal modo que põe a vida em perigo. – Quem ouve dizer tudo isso exclamará sem hesitar: "É a imagem de uma *sociedade bárbara, ameaçada de perigos*." Talvez haverá alguém para acrescentar: "É a descrição de Esparta." Mas outro talvez assuma um ar sonhador e sustente que é a descrição de nosso *militarismo moderno*, tal como existe no meio de nossa civilização e de nossa sociedade, tão diferentes – anacronismo vivo, imagem, como o indiquei, de uma sociedade bárbara, ameaçada de perigo, obra póstuma do passado que, pelas engrenagens do presente, só pode ter o valor de um entrave. – Mas acontece às vezes que a civilização tenha necessidade mais absoluta de um entrave: quando declina rapidamente demais ou, como em nosso caso, quando *se eleva* rapidamente demais.

280 – Mais atenção para com os que sabem

Com a concorrência que existe no trabalho e entre os vendedores, é o público que se torna juiz da profissão; mas o público não possui competência rigorosa e julga segundo a *aparência*. Por conseguinte, a arte de fazer parecer, e talvez também o gosto, se desenvolverão sob o domínio da concorrência, mas a qualidade de todos os produtos deverá diminuir. Portanto, para que a razão não perca seu valor, será necessário acabar, mais dia menos dia, com essa manobra e instituir um princípio novo que se tornaria a base disso. Somente o profissional deveria julgar as coisas da profissão e o público deveria se conformar a seu julgamento, confiando na *pessoa* e na lealdade do juiz. Então, nada de trabalho anônimo! Seria necessário pelo menos que um perito pudesse ser a garantia desse trabalho e dar *seu* nome como aval, quando o autor é obscuro ou permanece ignorado. O preço *baixo* de um objeto engana também o profano de outra maneira, pois, somente a durabilidade pode decidir se o preço do objeto é verdadeiramente módico, mas é difícil e até mesmo impossível para o profano avaliar essa durabilidade! – Portanto: o que causa efeito para os olhos e o que é de preço módico leva a melhor agora na balança – e esse será naturalmente o trabalho da máquina. Por outro lado, a máquina, ou seja, a causa da maior rapidez e da facilidade na fabricação, favorece, ela também, o objeto mais *vendável*, caso contrário, não se teria com ela um beneficio evidente; passar-se-ia a utilizá-la muito pouco e ela pararia muitas vezes. Mas como é o público que decide o que é mais vendável, ele vai escolher os objetos de melhor aparência, isto é, o que parece *bom* e com *bom preço*. Portanto, no domínio do trabalho, nossa divisa deve ser também: "Mais respeito para com os que sabem."

281 – O perigo dos reis

Sem violência e somente por uma pressão constante e legal, a democracia está a ponto de *deixar oco* o império e a realeza, até que não sobre mais que um zero. Pode-se, se assim se *quiser*, lhe conferir o significado de qualquer zero que, por si, não é nada, mas que, posto à direita de um número, tem como efeito decuplicar seu valor. O império e a realeza permaneceriam como ornamentos magníficos sobre a vestimenta simples e prática da democracia, o belo supérfluo que esta se permite, o resto histórico e venerável de uma aparência ancestral, o próprio símbolo da história – e essa situação única seria de grande efeito, se não estivesse isolada, mas posta em praça pública. – Para evitar esse perigo da *escavação*, os reis se agarram agora com raiva à sua dignidade de chefe supremo do exército; para pôr essa dignidade em relevo necessitam de guerras, isto é, das condições excepcionais em que fica detida essa lenta pressão legal das forças democráticas.

282 – O professor é um mal necessário

Tão poucas quanto possível as pessoas entre os espíritos produtivos e os espíritos que têm sede de receber! De fato, os *intermediários* falsificam quase involuntariamente os alimentos que passam adiante; além disso, em recompensa de sua mediação, pedem demais *para eles*, interesse, admiração, tempo, dinheiro e outra coisa de que se priva, por conseguinte, os espíritos originais e produtores. – Deve-se considerar sempre o professor como um mal necessário, exatamente como se faz com o comerciante: um mal que é preciso reduzir ao *mínimo* possível. As condições defeituosas que são encontradas hoje na Alemanha talvez tenham seu motivo principal no fato de que há muitos que querem viver, e vivem bem, do comércio (e que procuram, por conseguinte, abaixar tanto quanto possível os preços do produtor e aumentar aqueles do consumidor para tirar mais proveito do prejuízo tão grande quanto possível que ambos sofrem). De igual modo, pode-se certamente procurar uma das razões da miséria das condições intelectuais no número exagerado de professores: é por causa deles que se aprende tão pouco e tão mal.

283 – A contribuição da estima

Gostamos de pagar aquele que conhecemos e veneramos, quer seja médico, quer seja artista ou artesão, quando trabalhou ou fez algo para nós, por mais caro que seja, muitas vezes até mesmo além de nossas possibilidades, enquanto pagamos a um desconhecido o menor preço possível. Há uma luta em que cada um conquista ou perde uma polegada de terreno. No trabalho daquele que conhecemos, há algo que não poderíamos retribuir: o sentimento e a engenhosidade que ele pôs nisso por nossa causa; acreditamos que não podemos exprimir a impressão que sentimos de outro modo senão por uma espécie de *sacrifício* de nossa parte. – A maior contribuição é a *contribuição da estima.* Quanto mais a concorrência domina, mais compramos de desconhecidos; e quanto mais trabalhamos para desconhecidos, mais essa contribuição se torna dispensável; mas ela confere justamente a medida para as relações humanas de *alma para alma.*

284 – O meio para chegar a uma paz real

Nenhum governo afirma hoje que mantém seu exército para oportunamente satisfazer sua vontade de conquista. O exército deve, pelo contrário, servir para a defesa. Para justificar esse estado de coisas, invocamos uma moral que aprova a legítima defesa. Desse modo nos reservamos para nós a moralidade e atribuímos ao vizinho a imoralidade, pois, é necessário imaginar que este está pronto para o ataque e a conquista, se o Estado do qual fazemos parte deve sentir a necessidade de pensar nos meios de defesa. Além do mais, acusamos o outro que, do mesmo modo que nosso Estado, nega a intenção de atacar e só mantém, ele também, seu exército por razões de defesa, pelos mesmos motivos que nós, repito, o acusamos de ser hipócrita e criminoso astuto que gostaria de se lançar, sem nenhuma espécie de combate, sobre uma vítima inofensiva e inábil. Nessas condições, todos os Estados estão hoje uns frente a outros e admitem as más intenções do vizinho, enquanto se atribuem a si boas intenções. Mas é uma *desumanidade* tão nefasta e pior ainda que a guerra, já é uma provocação e até mesmo um motivo de guerra, pois, conferimos a imoralidade ao vizinho e, dessa maneira, parece que provocamos sentimentos hostis. É necessário renegar a doutrina do exército concebida como meio de defesa, do mesmo modo que devem ser renegados categoricamente os desejos de conquista. E talvez virá um dia grandioso em que um povo, que se distinguiu na guerra e na vitória, por meio do mais elevado desenvolvimento da disciplina e da inteligência militares, habituado a fazer os mais pesados sacrifícios nessas coisas, vai exclamar livremente: "Quebramos a espada!" – destruindo assim toda a sua organização militar até suas bases.

Guiado pela elevação do sentimento, tornar-se inofensivo, enquanto se é o mais temido – esse é o meio de chegar à paz real que deve sempre se basear numa disposição de espírito pacífica, enquanto que aquilo que chamamos de paz armada, tal como é praticada agora em todos os países, responde a um sentimento de discórdia, a uma falta de confiança em si e no vizinho e impede de depor as armas, seja por ódio, seja por medo. Antes morrer que odiar e temer e *antes morrer duas vezes que se deixar odiar e temer* – será necessário que isso se torne um dia a máxima superior de toda sociedade estabelecida! – Sabemos que nossos representantes liberais do povo não têm tempo para refletir sobre a natureza do homem, caso contrário, saberiam que trabalham em vão ao se aplicar a uma "diminuição gradual das forças militares". Ao contrário, será somente quando esse tipo de miséria estiver em seu máximo que o único tipo de deus que puder ajudar estará mais próximo. A árvore da glória militar não poderá ser destruída senão uma só vez, com um raio, mas o raio, todos sabemos, vem das alturas.

285 – Se a propriedade pode ser equilibrada pela justiça

Quando sentimos intensamente a injustiça da propriedade – o grande ponteiro marca de novo a hora no quadrante do tempo – tomamos dois meios para remediar isso: de um lado, uma partilha igual da fortuna e, de outro, a supressão da propriedade e a volta de toda posse à comunidade. O último procedimento é particularmente caro a nossos socialistas que odeiam esse antigo judeu que dizia: "Não roubarás." Segundo eles, o oitavo mandamento deveria, pelo contrário, ser construído desta forma: "Não possuirás nada." – Na antiguidade, muitas vezes foram feitas tentativas conformes à primeira receita, de forma reduzida, é verdade, mas com um insucesso que pode estar repleto de ensinamentos para nós. É fácil dizer "lotes de terra iguais", mas quanta amargura geram as separações e as dilacerações que essa partilha torna necessárias e a perda da velha propriedade venerável, quanta piedade ofendida e sacrificada! Erradicamos a moralidade quando suprimimos os limites que separam as terras. Depois disso, que nova amargura entre os novos proprietários, que inveja, que olhares invejosos! De fato, nunca houve lotes de terra verdadeiramente iguais e, se tivessem existido, o espírito ciumento dos bens do vizinho não teria crescido. E quanto tempo duraria essa igualdade malsã, envenenada desde a origem? Depois de algumas gerações, um só lote seria transmitido por herança a cinco cabeças diferentes, enquanto cinco lotes se agrupavam sob uma única cabeça. Nos casos em que esses inconvenientes fossem evitados por severas leis de herança, os lotes de terra continuavam, é verdade, sendo iguais, mas sempre restavam necessitados e descontentes que nada mais possuíam que sua inveja dos bens do vizinho e seu desejo de subversão de tudo. – Se, ao contrário, de acordo com a segunda receita, quisermos entregar a propriedade à *comunidade* e tornar o indivíduo um arrendatário provisório, destruímos a terra cultivada, pois, o homem não se esmera em cuidados para aquilo que só possui de forma passageira, não faz sacrifícios e age como um explorador, um salteador ou um miserável dissipador. Se Platão acha que a supressão da propriedade suprimiria o egoísmo, deve-se responder a ele que, depois da dedução do egoísmo, não são as virtudes cardeais do homem que vão restar – do mesmo modo que se deve afirmar que a pior peste não poderia causar tanto mal à humanidade como se acaso se conseguisse fazer desaparecer a vaidade. Sem vaidade e sem egoísmo – o que são, pois, as virtudes humanas? Por isso estou longe de querer dizer que estas não passam de máscaras daquelas. A melodia fundamental e utópica de Platão, que os socialistas continuam sempre a cantar, se baseia num conhecimento imperfeito do homem: ignora a história dos sentimentos morais, falta de clarividência a respeito das boas qualidades úteis da alma humana. De mesmo modo que toda a antiguidade, ele acreditava no bem e no mal, como no branco e no preto, portanto, como numa diferença radical entre os bons e os maus, as boas qualidades e as más qualidades. – Para que no futuro tenhamos mais confiança na propriedade e que esta se torne mais moral, é necessário descobrir todos os meios de trabalho que conduzam à *pequena* fortuna, mas impedindo o enriquecimento fácil e repentino. Que sejam retirados das mãos dos particulares todos os ramos do transporte e do comércio que favoreçam a acumulação das grandes *fortunas*, portanto, todo o tráfico de dinheiro – que sejam considerados aqueles que possuem demais como seres perigosos para a segurança pública da mesma forma que aqueles que não possuem nada.

286 - O valor do trabalho

Se quiséssemos determinar o valor do trabalho segundo o tempo, a aplicação, a boa ou má vontade, a obrigação, a engenhosidade ou a preguiça, a honestidade ou a dissimulação que nele pusemos, a apreciação do valor nunca poderia ser *justa*, pois, seria necessário poder colocar na balança a pessoa inteira, o que é impossível. Trata-se de dizer aqui: "Não julguem!" Mas é precisamente o grito de justiça que ouvimos agora daqueles que estão descontentes com a avaliação do trabalho. Se fizéssemos dar um passo a mais a seu pensamento, achamos que cada indivíduo é irresponsável por seu produto, o trabalho; nunca podemos, portanto, deduzir um mérito, uma vez que todo trabalho é tão bom e tão ruim como deve sê-lo segundo a constelação necessária de forças e fraquezas, de conhecimentos e de desejos. Isso não depende da boa vontade do trabalhador, se trabalha, nem como trabalha. Sozinhos, os pontos de vista da *utilidade*, restrita ou ampla, criaram avaliações do valor do trabalho. O que chamamos hoje justiça está muito bem em seu lugar nessa área, visto que é uma utilidade extremamente refinada que não diz respeito somente ao momento, e explora a ocasião, mas também que sonha na durabilidade de todas as condições e que, por essa razão, visa igualmente ao interesse do trabalhador, seu contentamento material e moral – *a fim de que* ele e seus descendentes trabalhem bem para nossos descendentes e que nós possamos ter confiança nele durante um período mais longo que o de uma só vida humana. A *exploração* do trabalho era, como nos damos conta hoje, uma asneira, um roubo em detrimento do futuro, um perigo para a sociedade. Agora, já chegamos quase à guerra; e, em todos os casos, os custos empenhados para conservar a paz, concluir tratados e inspirar confiança serão extremamente elevados, porquanto a loucura dos exploradores foi muito grande de duração demasiado longa.

287 - Do estudo do corpo social

O que há de mais deplorável para quem quer estudar hoje na Europa, e especialmente na Alemanha, a economia e a política é que as condições reais, em lugar de exemplificar as regras, demonstram um *estado de transição* ou *de declínio*. Por isso, é necessário aprender inicialmente a olhar para além do que existe verdadeiramente, para deter, por exemplo, o olhar no distante, na América do Norte – onde ainda se pode seguir com os olhos e pesquisar os movimentos originais e normais do corpo social, se acaso se *quiser* realmente – enquanto que na Alemanha são necessários difíceis estudos históricos ou, como já indiquei, uma luneta de aproximação.

288 – Em que a máquina humilha

A máquina é impessoal, tira do trabalho seu orgulho, suas qualidades e seus defeitos individuais, que são a característica de todo trabalho que não é feito à máquina – portanto, uma parcela de humanidade. Outrora, toda compra feita na casa dos artesãos era uma *distinção* conferida a uma *pessoa*, pois, nos cercávamos das insígnias dessa pessoa, de modo que os objetos usuais e as roupas se tornavam uma espécie de simbólica estima recíproca e de homogeneidade pessoal, enquanto que hoje parecemos viver somente no meio de uma escravidão anônima e impessoal. – Não se deve pagar muito caro o alívio do trabalho.

289 – Quarentena de cem anos

As instituições democráticas são estabelecimentos de quarentena contra a velha peste das invejas tirânicas: como tais, muito úteis e muito aborrecidas.

290 – O partidário mais perigoso

O partidário mais perigoso é aquele cuja defecção destruiria todo o partido, ou seja, é o melhor partidário.

291 – O destino e o estômago

Um pão passado na manteiga a mais ou a menos no estômago de um jóquei pode decidir o sucesso das corridas e das apostas, portanto, a felicidade e a infelicidade de milhares de indivíduos. – Enquanto o destino dos povos depender ainda dos diplomatas, o estômago destes será sempre objeto de angústias patrióticas. *Quousque tandem*[91] (até quando).

(91) Expressão latina que significa "até quando ainda", extraída da obra *In Lucium Catilinam orationes*, *I, 1* (Discursos contra Lúcio Catilina) de Marcus Tullius Cicero (106-43 a.C.), jurista, orador, filósofo e escritor latino (NT).

292 – Vitória da democracia

Todas as potências políticas tentam agora, para se fortificar, explorar o medo do socialismo. A longo prazo, porém, somente a democracia pode tirar proveito desse estado de coisas, pois, *todos* os partidos estão agora na necessidade de bajular o "povo" e lhe conceder alívio e liberdades de todo tipo para que o povo acabe por se tornar onipotente. É tudo o que há de mais distante do socialismo, doutrina da mudança na maneira de adquirir a propriedade; e quando um dia, por meio da grande maioria de seus parlamentos, tiver nas mãos o instrumento dos impostos, atacará pelo imposto progressivo a realeza do capital, do grande comércio e da bolsa de valores e criará assim lentamente uma classe média que terá o direito de *esquecer* o socialismo como uma doença que foi superada. – O resultado prático dessa democratização, que vai sempre crescendo, será em primeiro lugar a criação de uma união dos povos europeus, na qual cada país determinado segundo oportunidades geográficas ocupará a situação de uma região e possuirá seus direitos peculiares: em pouca conta serão tidas então as lembranças históricas dos povos, tais como existiram até o presente, porque o senso de piedade que envolve essas lembranças será aos poucos erradicado de cima a baixo, sob o reinado do princípio democrático, ávido de inovações e de experiências. Proceder-se-á às retificações de fronteiras que assim serão necessárias, de modo a fazê-las servir às *necessidades* da grande região e ao mesmo tempo ao conjunto da federação, mas não à memória de um passado qualquer que se perde na noite dos tempos. Encontrar os pontos de vista dessa retificação futura será a tarefa dos *diplomatas* do futuro, que deverão ser a um tempo sábios, agrônomos e especialistas no conhecimento dos meios de comunicação e ter atrás deles não exércitos, mas razões de utilidade prática. Então, somente a política *exterior*, enquanto que agora esta última continua ainda a correr atrás de sua altiva amante e recolhe em sua deplorável bolsa as espigas esquecidas no campo, depois da colheita da outra.

293 – Objetivo e meios da democracia

A democracia quer criar e garantir a independência para o maior número possível de indivíduos, independência das opiniões, da forma de conduzir e de ganhar a própria vida. Para chegar a esse objetivo, é necessário contestar o direito de voto tanto daqueles que não possuem absolutamente nada como daqueles que são verdadeiramente ricos, pois, são essas são duas classes de homens que não poderia tolerar e para cuja supressão é necessário que trabalhe sem cessar, para não correr o risco de ver sua tarefa questionada continuamente. De igual modo, é necessário que impeça tudo o que pareça tender à organização de partidos. De fato, os três grandes inimigos da independência, nesse tríplice ponto de vista, são o pobre, o rico e os partidos. – Falo da democracia como de algo que vai existir no futuro. O que chamamos hoje de democracia se distingue somente das velhas formas de governo por *novos cavalos*: as estradas continuam as mesmas do passado e as rodas da carruagem também. – Com *esse* aparelhamento do bem público, o perigo se tornou realmente menor?

294 - A circunspecção e o sucesso

Essa grande qualidade da circunspeção que é, no fundo, a virtude das virtudes, a ancestral e a rainha das virtudes, está longe de ter sempre, na vida cotidiana, o sucesso de seu lado; e o amante que não tivesse procurado essa virtude senão por causa do sucesso se veria amargamente enganado. De fato, entre os homens *práticos*, é mantida sob suspeita e é confundida com a dissimulação e a sutileza hipócrita. Em contrapartida, aquele que não tiver circunspecção – o homem, que vai na frente e que às vezes acompanha ao lado, é tido por um companheiro leal sobre quem se pode contar. Os homens práticos, portanto, não gostam do homem circunspecto e o consideram perigoso. Por outro lado, cremos de bom grado que o circunspecto é receoso, embaraçado e pedante – os homens pouco práticos e que gostam de desfrutar a vida o julgam incômodo, porque não gosta de viver a boa vida como eles, que não pensam nem na ação nem nos deveres; o circunspecto aparece no meio deles como a consciência viva deles e, a seus olhos, o dia empalidece com sua aproximação. Se, pois, lhe faltam o sucesso e a popularidade, que se diga como forma de se consolar: "É a esse preço que se chegam as *contribuições* que deves pagar para possuir o bem mais precioso entre os homens – mas vale a pena!"

295 - Et in Arcadia ego[92]

Lancei um olhar a meus pés, por cima da onda das colinas, do lado desse lago de um verde leitoso, por ente os pinheiros austeros e os velhos abetos; em torno de mim, rochedos de formas variadas e, no solo multicolor, ervas e flores. Um rebanho se movia diante de mim, dispersando-se e agrupando-se sucessivamente; algumas vacas se desenhavam à distância em grupos fechados, destacando-se na luz da tarde sobre a floresta de pinheiros; outras, mas próximas, pareciam mais sombrias. Tudo isso era tranqüilo, na paz do crepúsculo que se aproximava. Meu relógio marcava cinco horas e meia. O touro do rebanho tinha descido na branca espuma do riacho e subia lentamente seu caminho íngreme, ora resistindo, ora cedendo; para ele isso devia ser uma satisfação selvagem. Dois seres humanos de pele bronzeada, de origem bergamasca[93], eram os pastores desse rebanho; a jovem quase vestida como um rapaz. À esquerda, pedaços de rochedos abruptos, acima de uma larga cintura de floresta, à direita dois enormes dentes de gelo, nadando bem acima de mim, num véu de neblina clara – tudo isso era grande, calmo e luminoso. Toda essa beleza fazia estremecer, era a adoração muda do momento da própria revelação. Involuntariamente, como se nada houvesse de mais natural, estava tentado a colocar heróis gregos nesse mundo de luz pura de contornos agudos (desse mundo que nada tinha de inquietude e de desejo, de expectativa e de lamentos); devia-se sentir como Poussin[94] e seus alunos: a um tempo de uma maneira heróica e idílica. – E foi assim que certos homens viveram, que evocaram constantemente o sentido do mundo, neles próprios e fora deles; e foi especialmente, entre eles, um dos maiores homens que já existiram o inventor de uma maneira de filosofar heróica e idílica ao mesmo tempo: Epicuro[95].

---

(92) Expressão latina que significa "e eu também vivi na Arcádia", extraída de obra de Publius Vergilius Maro (71-19 a.C.), poeta latino; a Arcádia era famosa região da Grécia antiga (NT).

(93) Natural de Bérgamo, cidade e província do norte da Itália (NT).

(94) Nicolas Poussin (1594-1665), pintor francês (NT).

(95) Epicuro (341-270 a.C.), filósofo grego; seu pensamento filosófico prega o indeterminismo e, na moral, o desfrute de todos os bens materiais e espirituais do mundo com ponderação e medida, a fim de que a excelência desses bens seja percebida em toda a sua plenitude que sempre se reflete na natureza, que é essencialmente boa (NT).

296 – Calcular e medir

Ver muitas coisas, pesá-las umas diante das outras, descontar um pouco, tirar uma conclusão rápida sobre elas e estabelecer sua soma com bastante exatidão, é o que faz o grande político, o grande capitão e o grande comerciante: – é, portanto, a rapidez numa espécie de cálculo mental. Só ver uma única coisa, encontrar nela o único motivo de agir, o juiz de qualquer outra ação, é o que faz o herói e também o fanático: – é, portanto, uma destreza em medir com uma só medida.

297 – Não querer ver um mau momento

Enquanto se vive uma experiência, é necessário abandonar-se ao acontecimento e fechar os olhos; portanto, não bancar o observador enquanto *se está nela*. De fato, isso estragaria a boa digestão do acontecimento; em lugar de ganhar com isso sabedoria, ter-se-ia uma indigestão.

298 – Da prática do sábio

Para se tornar sábio, é necessário *querer* viver certas experiências, portanto, lançar-se na goela dos acontecimentos. É verdade que é muito perigoso; muitos "sábios" foram assim devorados.

299 – A fadiga do espírito

Nossa indiferença e nossa frieza passageiras com relação aos homens, que são interpretadas como dureza e falta de caráter, muitas vezes não passam de uma fadiga do espírito; quando estamos nesse estado, os outros nos são indiferentes ou importunos, exatamente como o somos para conosco mesmos.

300 – "Uma só coisa é necessária"

Quando se é inteligente, o que importa, antes de tudo, é ter alegria no coração. – Ah! Acrescentou alguém, quando se é inteligente, o que se tem de melhor a fazer é ser sábio.

301 – Um testemunho de amor

Alguém disse: "Há duas pessoas a respeito das quais nunca refleti profundamente; esse é o testemunho de afeição que lhes dedico."

302 – Como se procura melhorar os maus argumentos

Há certas pessoas que também defendem uma parte de sua personalidade por meio de maus argumentos, como se com isso esses argumentos se transformassem em bons e alcançassem seu objetivo. É como os jogadores de quilha[96] que, depois de ter atirado sua bola, procuram conferir a essa bolada uma direção por seus gestos e pelos movimentos de seus braços.

303 – A lealdade

É pouca coisa quando, no tocante ao que é de direito e de propriedade, se é um homem exemplar por não colher frutos num pomar de outrem, quando se é criança ainda, ou por não passar num prado não ceifado quando se atingiu a idade da razão; – escolho meus exemplos entre as pequenas coisas que, como se sabe, mostram esse tipo de perfeição melhor que as grandes. É pouca coisa, pois, no momento se é apenas uma "pessoa jurídica", com esse grau de moralidade de que uma "sociedade", aglomeração de homens, é mesmo capaz.

304 – Homem!

Que é a vaidade do homem mais fútil ao lado da vaidade que o homem mais humilde possui e que se considera como o "homem" no mundo e na natureza!

305 – A ginástica mais necessária

Pela ausência de domínio de si nas circunstâncias mínimas, a faculdade de se dominar nos casos mais graves desmorona. Cada dia é

(96) Jogo que consiste em derrubar estacas fincadas no solo, atirando uma bola de certa distância (NT).

mal utilizado e se torna um perigo para o dia seguinte, se não se tiver *recusado* uma vez pelo menos uma pequena coisa: essa ginástica é indispensável quando se quer conservar a alegria de ser seu próprio senhor.

306 - Perder-se a si mesmo

Quando se conseguiu encontrar-se a si mesmo, é necessário preparar-se para se *perder* de tempos em tempos – para se reencontrar em seguida; admitindo, bem entendido, que a gente seja um pensador. De fato, é prejudicial ao pensador estar ligado sempre a uma única pessoa.

307 - Quando é necessário despedir-se

É necessário que te despeças daquilo que queres conhecer e medir, pelo menos por um tempo. Não é senão depois de ter deixado a cidade que se percebe como suas torres se elevam acima das casas.

308 - Ao meio-dia

Aquele que teve uma manhã da vida ativa e tempestuosa, quando chega o meio-dia da vida, sua alma é tomada de uma singular vontade de repouso que pode durar meses e anos. O silêncio baixa em torno dele, o som de sua voz se atenua sempre mais, o sol cai a pique sobre sua cabeça. Num prado, à beira da floresta, vê dormir o grande Pan(97); todas as coisas da natureza adormeceram com ele, uma expressão de eternidade na fisionomia – parece-lhe pelo menos que é assim. Não deseja nada, não se preocupa com nada, seu coração se detém, somente seus olhos vivem – é uma morte de olhos abertos. O indivíduo vê nisso muitas coisas que nunca viu e tudo o que pode perceber está envolto num tecido de luz, submerso de algum modo. Com isso se sente feliz, mas é uma felicidade pesada, muito pesada. – Finalmente, porém, o vento sopra de novo nas árvores, o meio-dia passou, e a *vida* o atrai ainda para ela, a vida de olhos cegos, seguida de seu cortejo impetuoso: os desejos e as trapaças, o esquecimento e as alegrias, o aniquilamento e a fragilidade. E

(97) Na mitologia grega, Pan era o deus dos pastores e dos rebanhos, uma das maiores divindades da natureza (NT).

é assim que chega o entardecer, mais tempestuoso e mais ativo do que já foi a manhã. – Para os homens verdadeiramente ativos, esses estados de conhecimento prolongados parecem quase inquietantes e doentios, mas não desagradáveis.

309 - Evitar seu próprio pintor

Um grande pintor que revelou e fixou num retrato a expressão mais completa, o momento mais total de que o homem seja capaz, quando voltar a ver mais tarde esse homem na vida real, terá quase sempre a impressão de ver uma caricatura.

310 - Os dois princípios da nova vida

Primeiro princípio: Deve-se organizar a vida da maneira mais segura, mais demonstrável e não, como se fez até o presente, segundo perspectivas distantes, incertas, como um horizonte carregado de nuvens.

Segundo princípio: Deve-se fixar, perante si, a sucessão das coisas próximas e vizinhas, certas e menos certas, antes de organizar a própria vida e lhe conferir uma direção definitiva.

311 - Irritabilidade perigosa

Os homens dotados, mas preguiçosos, sempre mostrarão um ar um tanto irritadiço quando um de seus amigos tiver terminado um bom trabalho. Sua inveja se desperta, têm vergonha de sua preguiça – ou melhor, temem que o homem ativo os despreze nesse momento mais ainda que usualmente. É nessa disposição de espírito que criticam a nova obra – e sua crítica se torna vingança, para grande espanto do autor.

312 - Destruição das ilusões

As ilusões são certamente prazeres custosos, mas a destruição das ilusões é ainda mais custosa – quando é considerada como um prazer, o que incontestavelmente é para alguns.

313 - A monotonia do sábio

As vacas têm às vezes uma expressão de surpresa que parece uma interrogação que ficou pelo caminho. Em contrapartida, o *nil admirari* (não é de admirar) se reflete nos olhos da inteligência superior como a monotonia de um céu sem nuvens.

314 - Não ficar doente muito tempo

É preciso evitar de ficar doente por muito tempo, pois, logo as testemunhas vão ficar impacientes por causa da obrigação habitual de testemunhar compaixão – visto que têm muita dificuldade em se manter por muito tempo nesse estado de espírito. E, quase sem transição, chegam a suspeitar de teu caráter e concluir que "*mereces* ficar doente e que é inútil fazer um esforço de compaixão".

315 - Aviso aos entusiastas

Aquele que gosta de se deixar *levar* e que desejaria se ver levado ao céu, que tome cuidado para não se tornar *pesado demais*, o que quer dizer, por exemplo, que não aprenda muitas coisas e especialmente que não se deixe *invadir* pela ciência. É o que torna pesado! – Cuidado, ó entusiastas!

316 - Saber surpreender-se

Quem quer ver-se a si próprio tal como é deve saber *se surpreender* com a tocha nas mãos. De fato, ocorre com coisas espirituais o mesmo que acontece com coisas corporais: quem está habituado a se ver no gelo esquece sempre sua feiúra, somente por meio do pintor é que recupera essa impressão. Mas se ele se habitua também à pintura e esquece sua feiúra pela segunda vez – e isso, em conformidade com a lei geral que faz com que o homem *não suporte* o que é imutavelmente feio, a não ser por um momento – ele esquece o fato e o nega em qualquer caso. – Os moralistas necessitam contar com esse "momento" para estabelecer suas verdades.

317 – Opiniões e peixes

A gente é possuidor de suas próprias opiniões como se é possuidor de peixes – no sentido de que se possui um viveiro de peixes. É necessário ir à pesca e ter sorte – então, se tem *seus* peixes, *suas* opiniões. Falo aqui de opiniões vivas, de peixes vivos. Outros ficam satisfeitos quando possuem uma coleção de fósseis – e, em seu cérebro, "convicções".

318 – Sinais de liberdade e de servidão

Satisfazer-se a si mesmo tanto quanto possível, satisfazer as próprias necessidades mais imperiosas, mesmo que fosse de uma maneira imperfeita, é a forma de chegar à *liberdade de espírito e da pessoa*. Aceitar que outro satisfaça numerosas necessidades, mesmo supérfluas, e tão perfeitamente quanto possível, acaba por me colocar num estado de *servidão*. O sofista Hípias, que havia adquirido e criado ele próprio tudo o que tinha, interior e exteriormente, é por isso o representante da corrente que leva à mais alta liberdade do espírito e da pessoa. Pouco importa que tudo seja igualmente bem trabalhado, igualmente perfeito; a altivez remenda os locais defeituosos.

319 – Acreditar em si mesmo

Em nossos tempos desconfiamos sempre daquele que acredita em si mesmo; outrora, acreditar em si mesmo era suficiente para levar outros a crer na gente. A receita para obter fé hoje é: "Não te poupes a ti mesmo! Se quiseres que tua opinião seja vista sob uma luz favorável, começar por acender tua própria lareira!"

320 – Ao mesmo tempo mais rico e mais pobre

Conheço alguém que, ainda menino, já se havia acostumado a pensar bem da intelectualidade dos homens, ou seja, de sua verdadeira inclinação para os objetos do espírito, de seu gosto desinteressado pelas coisas reconhecidamente verdadeiras, etc., a ter, em contrapartida, uma idéia muito baixa de seu próprio espírito (juízo, memória, presença de espírito, imaginação). Não se dava nenhum valor quando se comparava aos outros. Mas, no decorrer dos anos, foi obrigado primeiramente uma vez, depois cem vezes, a mudar de opinião sobre esse ponto – poder-se-ia crer que foi para sua grande alegria e para sua grande satisfação. Com efeito, havia qualquer coisa disso, mas, como ele mesmo dizia certa vez: "Há nisso uma amargura da pior espécie, uma amargura que não conheci nos anos anteriores, pois, desde que aprecio os homens e a mim mesmo com mais justiça, com relação às necessidades intelectuais, meu espírito parece menos útil; com ele não acredito mais poder fazer obras boas, porque o espírito dos outros não se predispõe a aceitá-las; agora vejo sempre diante de mim o abismo espantoso que existe entre o homem seguro de si e aquele que necessita de ajuda. Aí está porque fiquei atormentado pela miséria de possuir meu espírito somente para mim e dele desfrutar tanto quanto seja suportável. Mas *dar* é preferível a *possuir*; e o que é o homem mais rico quando vive na solidão do deserto?"

321 – Como se deve atacar

As razões que fazem com que se creia ou não em algo são raramente e em pouquíssimos homens tão fortes *quanto podem realmente ser.* Para abalar a fé em alguma coisa, geralmente não se tem necessidade alguma de avançar a artilharia de combate de grosso calibre; em muitos casos já se atinge o objetivo atacando com um pouco de barulho, de modo que os estalos dos tiros já são suficientes. Contra as pessoas muito vaidosas, porém, é suficiente ter a *atitude* de um ataque violento: estas imaginam então que as estamos levando a sério – e cedem.

322 - Morte

Pela perspectiva certa da morte, se poderia misturar à vida uma gota deliciosa e perfumada de negligência – mas vocês, singulares farmacêuticos da alma que são, vocês fizeram dessa gota um veneno infecto que torna repugnante a vida inteira!

323 - Remorso

Nunca dar livre curso ao remorso, mas logo em seguida entregar-se a ele, seria acrescentar uma segunda asneira à primeira. – Se causamos o mal, devemos pensar em fazer o bem. Se formos punidos por causa de nossa má ação, devemos sofrer a pena com o sentimento de que fizemos uma coisa boa: impedimos, pelo exemplo, que os outros caiam na mesma loucura. Todo malfeitor punido deve se considerar um benfeitor da humanidade.

324 – Tornar-se pensador

Como poderá alguém tornar-se pensador se não passar pelo menos um terço de seu dia sem paixões, sem homens e sem livros?

325 – O melhor remédio

Um pouco de saúde aqui e acolá é o melhor remédio para o doente.

326 – Não tocar!

Há homens nefastos que, em vez de resolver um problema, o obscurecem para todos aqueles que se ocupam dele e o tornam ainda mais difícil de resolver. Quem não tem certeza de acertar o alvo, pede-se que não tente atirar.

327 – A natureza esquecida

Falamos da natureza e, ao falar dela, nos esquecemos de nós mesmos; mas nós também somos a natureza, *apesar de tudo*. – Por conseguinte, a natureza é algo totalmente diferente daquilo que sentimos ao mencioná-la.

328 – Profundidade e aborrecimento

Para os homens profundos, como para os poços profundos, passa certo tempo até que o objeto que neles atiramos atinja o fundo. Os espectadores que geralmente não esperam bastante tempo imaginam de bom grado que semelhantes homens são insensíveis e duros – ou ainda que são aborrecedores.

329 - Quando é tempo de jurar fidelidade a si mesmo

Às vezes nos perdemos numa direção intelectual que está em contradição com nossos talentos; durante certo tempo lutamos heroicamente contra a onda e o vento, isto é, contra si mesmo; fatigamo-nos e acabamos gemendo. O que realizamos não nos causa um prazer verdadeiro, pois, nossos sucessos nos levaram a perder muitas coisas. Acontece até mesmo que nos *desesperamos* por causa de nossa fecundidade, de nosso futuro, quando estamos talvez em plena vitória. Enfim, enfim, voltamos *para trás* – e agora o vento sopra em nossa vela e nos impele em *nossa* corrente. Que felicidade! Como nos sentimos *certos da vitória*! Somente agora sabemos o que somos e o que queremos, agora nos juramos fidelidade a nós mesmos e temos *o direito* de fazê-lo – porque sabemos.

330 - Profetas do tempo

Do mesmo modo que as nuvens nos revelam para onde correm, bem acima de nós, os ventos, assim também os espíritos mais leves e mais livres, em suas correntes, predizem o tempo que virá. O vento do vale e as opiniões da praça pública de hoje não significam nada para o que se refere ao futuro, mas só falam daquilo que pertence ao passado.

331 - Aceleração constante

As pessoas que começam lentamente e que dificilmente se familiarizam com uma coisa, às vezes têm mais tarde a qualidade da aceleração constante – de modo que ninguém sabe finalmente para onde a corrente pode ainda arrastá-los.

332 - As três coisas boas

A grandeza, a calma e a luz do sol – essas três coisas envolvem tudo o que um pensador pode desejar e exigir de si mesmo; suas esperanças e seus deveres, suas pretensões sobre o domínio intelectual e moral, diria até mesmo sua maneira cotidiana de viver e a orientação do lugar em que mora. A essas três coisas correspondem, em parte, pensamentos que se *elevam*, em seguida pensamentos que *tranqüilizam*, em terceiro lugar pensamentos que *iluminam* – mas em quarto lugar, pensamentos que participam dessas três qualidades, pensamentos em que tudo o que é terrestre chega a se transfigurar: é o império onde reina a grande *trindade da alegria*.

333 - Morrer pela "verdade"

Não nos deixaríamos queimar por nossas opiniões, tão pouco estamos seguros delas. Mas talvez pelo direito de ter nossas opiniões e de poder mudá-las.

334 - Ter seu preço

Se quisermos passar exatamente por aquilo que *somos*, é necessário algo que tenha seu preço. Mas só tem um preço aquilo que é de uso popular. Por conseguinte, esse desejo é a conseqüência de uma modéstia inteligente – ou de uma imodéstia estúpida.

335 - Moral para os construtores

É preciso tirar os andaimes quando a casa está construída.

336 - Sofoclismo

Quem pôs mais água em seu vinho do que os gregos! A sobriedade aliada à graça – esse foi o privilégio de nobreza dos atenienses da época de Sófocles[98] e daqueles que vieram depois dele. Que aquele que puder faça o mesmo! Na vida e na criação!

---

(98) Sófocles (496-406 a.C.), poeta trágico grego (NT).

337 – O heroísmo

O heroísmo consiste em fazer grandes coisas (ou em *não* fazer algo com grandeza) sem ter, na luta *com* os outros, o sentimento de estar *na frente* dos outros. O herói leva consigo, para onde for, o deserto e a terra santa de limites intransponíveis.

338 – Sósia da natureza

Em certas áreas da natureza nos descobrimos a nós mesmos com um estremecimento agradável; para nós é a mais bela maneira de ter um sósia. – Como deve ficar feliz aquele que pode ter esse sentimento, *aqui* mesmo, nessa atmosfera de outono sempre ensolarado, sob o sopro malicioso e feliz do vento, que se prolonga da manhã ao entardecer, envolto nessa claridade pura e nesse frescor temperado, e reencontrar-se no aspecto risonho e sério ao mesmo tempo das colinas, dos lagos e das florestas desse planalto, que se estende sem receio ao lado do espanto da neve eterna, onde a Itália e a Finlândia formaram uma aliança e parecem ser a pátria de todas as nuances prateadas da natureza: – feliz quem pode dizer: "Há certamente muitas coisas maiores e mais belas na natureza, mas *isso* é estreita e intimamente aparentado comigo, a isso estou ligado por laços de sangue e por mais ainda!"

339 – Afabilidade do sábio

O sábio será involuntariamente afável com os outros homens, como faria um príncipe e, apesar de todas as diferenças de dons, de condições e de maneiras, chegará a tratá-los como iguais, o que recriminamos nele amargamente a partir do momento em que o percebemos.

340 - Ouro

Nem tudo o que é ouro brilha. O brilho suave é próprio do metal mais precioso.

341 – Roda e freio

A roda e o freio têm deveres diferentes, mas têm também um semelhante: o de se magoarem um ao outro.

342 – Perturbações do pensador

Tudo o que o interrompe em suas reflexões (o *perturba*, como se diz), o pensador deve considerá-lo como um novo modelo que entra pela porta para se oferecer ao artista. As interrupções são os corvos que trazem alimento ao solitário.

343 – Ter muito espírito

Ter muito espírito nos conserva jovens, mas é necessário suportar com isso passarmos por mais velhos quando não o somos. De fato, os humanos lêem os trechos escritos pelo espírito como se fossem traços de *experiência* da vida, isto é, daquilo que vivemos muito e vivemos e sofremos mal, daquilo que nos enganamos e de que nos arrependemos. Logo, passamos perto deles por mais velhos, até mesmo por piores do que somos quando temos muito espírito e o mostramos.

344 – Como se deve vencer

Não se deve querer vencer quando se tem somente a perspectiva de superar o adversário por um fio de cabelo. A boa vitória deve alegrar o vencido e ter algo de divino que poupe a *humilhação.*

345 – Ilusão dos espíritos superiores

Os espíritos superiores têm dificuldade em se livrar de uma ilusão; imaginam que despertam a inveja dos medíocres e que são considerados como exceções. Na realidade, porém, nós os consideramos como algo de supérfluo, de que prescindiríamos se não existisse.

346 - Exigência de limpeza

Mudar as próprias opiniões é, para certas naturezas, uma exigência de limpeza, como mudar de roupa; mas para outras naturezas não passa de uma exigência da vaidade.

347 - Digno de um herói

Aí está um herói que outra coisa não fez senão sacudir a árvore logo que os frutos ficaram maduros. Isso lhes parece pouca coisa? Vejam, pois, a árvore que ele sacudiu.

348 - Para que medir a sabedoria

O aumento de sabedoria se deixa medir exatamente pela diminuição da bílis.

349 - O erro indicado de maneira desagradável

Não é do gosto de todos ouvir a verdade dita de maneira agradável. Mas ninguém deve imaginar que o erro se torna verdade quando é indicado de maneira *desagradável*.

350 - A máxima dourada

Foram colocadas muitas correntes no homem para que desaprendesse a se comportar como um animal; e, na verdade, se tornou mais meigo, mais espiritual, mais alegre, mais refletido que todos os animais. Desde então ainda sofre por não ter tido por tanto tempo ar puro e movimentos livres – essas correntes, repito ainda e sempre, são, contudo, esses erros pesados e significativos das representações morais, religiosas e metafísicas. Somente quando a *doença das correntes* for superada é que o primeiro grande objetivo será inteiramente alcançado: a separação entre o homem e o animal. – Ora, nós nos encontramos no meio de nosso trabalho para tirar as correntes e temos necessidade das maiores precauções. Somente ao *homem enobrecido* é que a *liberdade de espírito* pode ser conferida; só ele é tocado pelo *alívio da vida* que põe bálsamo nas feridas; é o primeiro a poder dizer que vive por causa da *alegria* e de nenhum outro objetivo; e, em qualquer outra boca, a máxima seria perigosa: *Paz à minha volta e boa vontade a respeito de todas as coisas próximas.* – Essa divisa para os indivíduos lhe relembra uma palavra antiga, magnífica e tocante ao mesmo tempo, que era feita para *todos* e que ficou acima da humanidade como uma divisa e um aviso de que vão perecer todos aqueles que ornarem cedo demais sua bandeira – uma divisa que fez perecer o cristianismo. Parece realmente que não chegaram ainda os tempos em que todos os homens poderão ter a sorte desses pastores que viram o seu se iluminar acima deles e que ouviram estas palavras[99]: "Paz na terra, boa vontade para com os homens." – O tempo ainda pertence aos indivíduos.

(99) *Evangelho de Lucas*, II, 14 (NT).

A sombra – De tudo o que disseste, nada me agradou tanto como uma de tuas promessas: querer voltar a ser bom, próximo das coisas próximas. Isso é de bom proveito para nós também, pobres sombras. De fato, confessa, até aqui sentiste muito prazer em nos caluniar.

O viajante – Caluniar? Mas por que nunca te defendeste? Tinhas meus ouvidos bem próximos de ti.

A sombra – Parecia-nos, a nós sombras, que estávamos justamente muito perto de ti para poder falar de nós mesmas.

O viajante – Delicado! Muito delicado! Ah! Sombras como são, são "gente melhor" do que eu, isso já o vejo.

A sombra – E, no entanto, tu nos chamas "indiscretas" – nós que concordamos numa coisa pelo menos, calar e esperar – nenhum inglês faz isso melhor. É verdade que nos julgam muitas e muitas vezes de acordo com o homem, mas não em sua servidão. Se o homem tem medo da luz, nós temos medo do homem: é a medida de nossa liberdade.

O viajante – Ah! A luz tem, muitas vezes, mais medo ainda do homem e então as sombras também o abandonam.

A sombra – Muitas vezes te abandonei com pesar; para mim, que tenho muita vontade de saber, há muitas coisas no homem que ficaram obscuras, porque não posso estar sempre a seu lado. Como prêmio do conhecimento completo do homem, eu até aceitaria ser tua escrava.

O viajante – Sabes, pois, sei, pois, se então, sem que o saibas, de escrava não te tornarias senhora? Ou permanecerias escrava, mas, com o desprezo de teu senhor, levarias uma vida de humilhação, de desgosto? Contentemo-nos, um e outra, com a liberdade tal como ficou para ti – para ti *e* para mim! De fato, o aspecto de um ser sem liberdade envenenaria minhas maiores alegrias, a melhor coisa me repugnaria se alguém *tivesse* de compartilhar comigo – não quero saber de escravos em torno de mim. É por isso que não consigo aturar o cão, parasita preguiçoso que sacode o rabo, que só se tornou "cínico" como criado do homem e que os homens costumam elogiar, dizendo que é fiel a seu dono e o segue como seu...

A sombra – Como sombra deles, é assim que dizem. Talvez hoje tenha te seguido por muito tempo. Era o dia mais longo, mas aqui estamos, chegamos, tem ainda um último momento de paciência. Esta grama está úmida, sinto arrepios.

O viajante – Oh! já está na hora de separar-nos? E para terminar, foi preciso que te maltratasse, uma vez que vi que te tornavas mais sombria.

A sombra – Corei, na cor que me é possível ter. Lembrei-me que muitas vezes deitei a teus pés como um cão e que então tu...

O viajante – E não poderia imediatamente, agora, fazer algo que te agradasse? Não tens nenhum desejo para satisfazer?

A sombra – Nenhum outro que o desejo que expressava o "cão" filósofo diante do grande Alexandre[100]: "Recua um pouco de meu sol, pois começo a sentir muito frio."

O viajante – Que devo fazer?

A sombra – Vai andando por baixo desses pinheiros e olha em volta de ti para as montanhas, o sol se põe.

O viajante – Onde estás? Onde estás tu?

(100) Diógenes, o Cínico (404-323? a.C.), filósofo grego; segundo ele, a virtude é o bem supremo e o resto nada vale; para libertar-se do desejo, deve-se reduzir ao mínimo as necessidades; a tradição diz que vivia dentro de um tonel. Conta-se que Alexandre Magno lhe perguntou se desejava algo, ao que respondeu: "Quero apenas a luz do sol; afasta-te para o lado" (NT).

Impressão e Acabamento:
Gráfica Oceano